湿気物性に関する
測定規準・同解説

Standard for Measurement of Moisture Properties

2020

日本建築学会

序（改定版）

　2006年1月に「湿気物性に関する測定規準・同解説」の初版が刊行された．その後，2016年度より本会環境工学委員会・湿気小委員会の傘下に設置された湿気物性の現状調査ワーキンググループでの活動を通じ，本規準の改定について議論が進められ，改定版が上梓されるに至った．

　今回の改定に際しては，近年に国内外で発行された熱・湿気物性値の測定法に関する規格の内容を踏まえ，初版の記述を全般的に見直すとともに，初版の出版時に課題として残されていた，幅広い含水率領域に対応した解析に用いられる物性値の測定法や，新しい測定法についての説明を追加した．例えば，「サクションカーブ」は高含水率領域の問題を解く際に必要となる物性値であり，今回新たに規準に含めた．また，非定常測定法や放射線を用いた含水率の非破壊測定法についても記述を加えた．これらは，測定の可能性を大きく広げるものである．

　建築多孔質材料の物性値測定は，多様な方向へと進展を見せる湿気分野の研究を下支えするきわめて重要なものである．今回の改定の取組みが，熱水分同時移動現象の数値解析法や，建物の温湿度性状の解析法の新たな展開に拍車をかけることが期待される．同時に，物性値測定そのものを対象とする基礎研究の起爆剤となることが望まれる．

2020年3月

日本建築学会

Summary

The first edition of the standard for measurement of moisture properties was published in January, 2006. The revision of this standard was started to be discussed in 2016 as the activities of the working group under the Subcommittee on Moisture in the Architectural Institute of Japan. Through the discussion, the revised version of the standard has been completed.

In the process of this revision, the other standards related to the methods of measurement for hygric properties recently issued in Japan and in overseas were surveyed, and all the descriptions in the first edition of this standard were reviewed and revised if necessary. In addition, the methods of measurement of the properties necessary to solve a problem for a wide range of moisture content, such as suction curve, have newly been included in the standard. Furthermore, the non-steady methods and the nondestructive methods using radiative instruments have also been added to the content. These are expected to greatly expand the possibilities of measurements. It was left as issues to cover these methods of measurement in this standard when the first edition was published.

Measurements of physical properties of porous building materials are extremely important to support researches in the field of moisture which have been making progress diversely. This revision is expected to spur new developments of the methods in numerical analysis for phenomena of simultaneous heat and moisture transfer, and the analytical methods for behavior of temperature and humidity in buildings. At the same time, this revision might hopefully be a trigger for increase in basic research on physical property measurement itself.

序 （初版）

　ナノテクノロジー等の最新技術を駆使することで，最近の材料科学は目覚ましい発展を遂げているが，建築材料分野でもその恩恵を受けて，新しい塗料や外装材，膜材，断熱材が現れ，またそれを応用した新しい外断熱構法が普及しつつある．これらの新素材の多くは，室内や壁体内部の湿気を調整するために導入されることが多いが，その性能を規定するための定量的手段は学術的に未だ十分確立されていないのが現状である．

　一方，室内や壁体内部の熱性能を予測し，計画するための数値予測法に関する学術研究は成熟期にある．研究の最前線は，温熱感の予測や評価，あるいは熱・空気・湿気の連成輸送問題の取り扱いなど，より現実的で複雑なエネルギー問題の分析・予測・計画に移っている．欧米では，例えばWUFIという建物湿気性状を数値予測できるソフトウェアが日常の建築設計・計画活動にかなり広範に活用されている．建物の熱・湿気性状を妥当な精度とコストで予測できることに加えて，建築部材の防露性能，腐朽やカビに対する耐久性能を予測・調整するポスト処理評価の実務への活用も始まっている．このような建物湿気性状の数値予測法の普及の背景には，建物や部材内での熱・湿気同時移動を記述する方程式系の確立に加えて，建築材料の物性データベースや気象データの整備・充実が挙げられる．

　そこで今般，各種建築材料に関して精度・信頼性の高い湿気物性の測定と蓄積を促進させるべく，「湿気物性に関する測定規準・同解説」を提案した．建築材料内部で生じる湿気移動は，熱移動に比べて通常数十分の1から数百分の1という拡散速度で緩やかに変化する現象であり，建築材料の湿気物性測定と物性値の蓄積・整備も，多大な時間のかかる地味な技術課題であるため，一朝一夕に達成できる内容ではない．試行錯誤によって一層多くの時間が必要となり得る湿気物性測定に関して本書を発行することは，待望久しく，その意義は大きいと言える．

　ここで，本書が提案されるに至った背景を簡単に紹介しておきたい．まず，国内では故松本衛博士により，自由水基準の化学ポテンシャルを用いた熱・湿気同時移動方程式による現象記述が確立され，また湿気物性測定の端緒が開かれていたことから，本会内部での活発な交流と，湿気物性測定に関する研究情報蓄積があったことの恩恵が大きい．また，国際エネルギー機構（IEA）に設置されたワーキングANNEX24が1990年から5年間実施した熱・湿気同時移動に関する研究活動の報告書の一冊として出版された「建築材料の熱・空気・湿気物性値」，これを翻訳出版した熱湿気定数SWG（環境工学委員会内に設置）の1997年から4年間にわたる活動が，本書起稿の下地を醸成したことを述べておきたい．

　本書は，建築材料の湿気物性の測定評価に携わる研究者・技術者を対象として，測定装置や測定条件の明確化と統一により，測定方法の普及と測定値の信頼性向上に資するために作成されたものである．未だ湿気物性が測定されていない無機質系断熱材等，国内では広く利用されているが国際的にはあまり知られていない日本固有の既存建築材料も多数残されており，一方で，日々に新しい建築材料や建築構法が開発・発表されている．より多くの材料の湿気物性が測定評価される上で，本書が一助になれば幸いである．また，上記ANNEX24での活動を端緒として湿気物性データベースの国際的な整備が近年急速に進みつつあり，冒頭で紹介した建物湿気性状を数値予測する実務向けソフトウェアでも，完

備した熱・湿気物性データベースが必須アイテムとなっている．本書の活用により，より多くの建築材料の湿気物性が測定され，熱・湿気物性データベースが充実されることを願っている．

　最後に，X線，ガンマ線，NMR等の非破壊での含水率分布測定方法や防水透湿膜等の抵抗系物性値測定のように，執筆時点で漸く測定方法が確立されて来たため，本書では触れなかった測定法もいくつかあり，数年程度の周期で定期的に本書の内容が更新・追加されることを切望する次第である．

2006年1月

日本建築学会

日本建築学会環境基準（AIJES）について

　本委員会では，これまでに，日本建築学会環境基準（AIJES）として13点を発刊するに至っている．また，各分野において，規準等を整備すべく，検討・作成作業が進められてきた．

　AIJES はアカデミック・スタンダードと称し，学会が学術的見地から見た推奨基準を示すことを目的に，「基準」，「規準」，「仕様書」，「指針」のような形で公表されてきた．これらの英文表記は，「Academic Standards for～」としていたが，この「Academic Standards」には教育水準といった意味もあり，AIJES の目的とは異なる意味に解される場合もあり誤解を生ずる恐れがあるとの指摘も寄せられた．

　そこで，2010年度以降に発刊される AIJES については，英文表記を「Standard for～」等に変更することを決定した．また，既刊の AIJES については，改定版刊行時に英文表記を変更することとした．

2010年9月

日本建築学会　環境工学委員会

日本建築学会環境基準（AIJES）の発刊に際して

　本会では，各種の規準・標準仕様書の類がこれまで構造・材料施工分野においては数多く公表されてきた．環境工学分野での整備状況は十分ではないが，われわれが日常的に五感で体験する環境性能に関しては法的な最低基準ではない推奨基準が必要であるといえる．ユーザーが建物の環境性能レベルを把握したり，実務家がユーザーの要求する環境性能を実現したりする場合に利用されることを念頭において，新しい学術的成果や技術的展開を本会がアカデミック・スタンダードとして示すことは極めて重要である．おりしも，本会では，1998年12月に学術委員会が「学会の規準・仕様書のあり方について」をまとめ，それを受けて2001年5月に「学会規準・仕様書のあり方検討委員会報告書（答申）」が公表された．これによれば，「日本建築学会は，現在直面している諸問題の解決に積極的に取り組み，建築界の健全な発展にさらに大きく貢献することを目的として，規準・標準仕様書類の作成と刊行を今後も継続して行う」として，本会における規準・標準仕様書等は，次の四つの役割，すなわち，実務を先導する役割，法的規制を支える役割，学術団体としての役割，中立団体としての役割，を持つべきことをうたっている．

　そこで，本委員会では，1999年1月に開催された環境工学シンポジウム「これからの性能規定とアカデミック・スタンダード」を皮切りとして，委員会内に独自のアカデミック・スタンダードワーキンググループを設置するとともに，各小委員会において環境工学各分野の性能項目，性能基準，検証方法等の検討を行い，アカデミック・スタンダード作成についての作業を重ねてきた．

　このたび，委員各位の精力的かつ献身的な努力が実を結び，逐次発表を見るに至ったことは，本委員会としてたいへん喜ばしいことである．このアカデミック・スタンダードがひとつのステップとなって，今後ますます建築環境の改善，地球環境の保全が進むことへの期待は決して少なくないと確信している．

　本書の刊行にあたり，ご支援ご協力いただいた会員はじめ各方面の関係者の皆様に心から感謝するとともに，このアカデミック・スタンダードの普及に一層のご協力をいただくようお願い申し上げる．

　2004年3月

日本建築学会　環境工学委員会

日本建築学会環境基準制定の趣旨と基本方針

(1) 本会は,「日本建築学会環境基準」を制定し社会に対して刊行する. 本基準は, 日本建築学会環境工学委員会が定める「建築と都市の環境基準」であり, 日本建築学会環境基準 (以下, AIJES という) と称し, 対象となる環境分野ごとに記号と発刊順の番号を付す.

(2) AIJES 制定の目的は, 本会の行動規範および倫理綱領に基づき, 建築と都市の環境に関する学術的な判断基準を示すとともに, 関連する法的基準の先導的な役割を担うことにある. それによって, 研究者, 発注者, 設計者, 監理者, 施工者, 行政担当者が, AIJES の内容に関して知識を共有することが期待できる.

(3) AIJES の適用範囲は, 建築と都市のあらゆる環境であり, 都市環境, 建築近傍環境, 建物環境, 室内環境, 部位環境, 人体環境などすべてのレベルを対象とする.

(4) AIJES は,「基準」,「規準」,「仕様書」,「指針」のような形で規定されるものとする. 以上の用語の定義は基本的に本会の規定に従うが, AIJES では,「基準」はその総体を指すときに用いるものとする.

(5) AIJES は, 中立性, 公平性を保ちながら, 本会としての客観性と先見性, 論理性と倫理性, 地域性と国際性, 柔軟性と整合性を備えた学術的判断基準を示すものとする.
　それによって, その内容は, 会員間に広く合意を持って受け入れられるものとする.

(6) AIJES は, 安全性, 健康性, 快適性, 省エネルギー性, 省資源・リサイクル性, 環境適合性, 福祉性などの性能項目を含むものとする.

(7) AIJES の内容は, 建築行為の企画時, 設計時, 建設時, 完成時, 運用時の各段階で適用されるものであり, 性能値, 計算法, 施工法, 検査法, 試験法, 測定法, 評価法などに関する規準を含むものとする.

(8) AIJES は, 環境水準として, 最低水準 (許容値), 推奨水準 (推奨値), 目標水準 (目標値) などを考慮するものとする.

(9) AIJES は, その内容に学術技術の進展・社会状況の変化などが反映することを考慮して, 必要に応じて改定するものとする.

(10) AIJES は, 実際の都市, 建築物に適用することを前提にしている以上, 原則として, 各種法令や公的な諸規定に適合するものとする.

(11) AIJES は, 異なる環境分野間で整合の取れた体系を保つことを原則とする.

執筆委員（⁺印は初版の執筆委員，無印は改定版の執筆委員を表す）

1章　目　的　　　　　　　芝　池　英　樹⁺　高　田　　　暁

2章　適用範囲　　　　　　芝　池　英　樹⁺　高　田　　　暁

3章　用　語　　　　　　　梅　野　徹　也

4章　測定のための基礎物理量
　4.1　含　水　率　　　　本　間　義　規⁺　田　坂　太　一
　4.2　温　　度　　　　　高　田　　　暁⁺　田　坂　太　一
　4.3　湿　　度　　　　　岩　前　　　篤⁺　田　坂　太　一
　4.4　寸　　法　　　　　本　間　義　規⁺　田　坂　太　一
　4.5　密　　度　　　　　田　坂　太　一
　4.6　空　隙　率　　　　本　間　義　規⁺　恩　村　定　幸

5章　材料物性
　5.1　容量系
　　5.1.1　平衡含水率　　芝　池　英　樹⁺　高　田　　　暁⁺
　　　　　　　　　　　　中　嶋　麻起子
　　5.1.2　サクションカーブ　伊　庭　千恵美
　　5.1.3　比　熱　　　　小　南　和　也⁺　小早川　　　香
　5.2　抵　抗　系
　　5.2.1　湿気伝導率　　佐　藤　真奈美⁺　中　嶋　麻起子
　　5.2.2　水分拡散係数　小　椋　大　輔⁺　高　田　　　暁
　　5.2.3　熱伝導率　　　小　南　和　也⁺　小早川　　　香

付　録　　　　　　　　　　岩　前　　　篤⁺　権　藤　　　尚

補　遺
　補遺1　　　　　　　　　高　田　　　暁⁺　本　間　義　規⁺　中　嶋　麻起子
　　　　　　　　　　　　　佐　藤　真奈美
　補遺2　　　　　　　　　佐　藤　真奈美⁺　中　嶋　麻起子
　補遺3　　　　　　　　　小　椋　大　輔⁺　高　田　　　暁　齋　藤　宏　昭
　補遺4　　　　　　　　　遠　藤　　　卓
　補遺5　　　　　　　　　高　田　　　暁　小　椋　大　輔

湿気物性に関する測定規準・同解説
目　　次

1．目　　　的 ……………………………………………………………………………… 1

2．適 用 範 囲 ……………………………………………………………………………… 1

3．用　　　語 ……………………………………………………………………………… 2

4．測定のための基礎物理量 ……………………………………………………………… 5

  4.1 含 水 率 …………………………………………………………………………… 5

  4.2 温　　度 …………………………………………………………………………… 8

  4.3 湿　　度 …………………………………………………………………………… 13

  4.4 寸　　法 …………………………………………………………………………… 16

  4.5 密　　度 …………………………………………………………………………… 19

  4.6 空 隙 率 …………………………………………………………………………… 21

5．材 料 物 性 ……………………………………………………………………………… 24

  5.1 容 量 系 …………………………………………………………………………… 24

    5.1.1 平衡含水率 …………………………………………………………………… 24

    5.1.2 サクションカーブ …………………………………………………………… 30

    5.1.3 比　　熱 ……………………………………………………………………… 35

  5.2 抵 抗 系 …………………………………………………………………………… 38

    5.2.1 湿気伝導率 …………………………………………………………………… 38

    5.2.2 水分拡散係数 ………………………………………………………………… 45

      5.2.2.1 含水率勾配水分拡散係数 ……………………………………………… 45

      5.2.2.2 温度勾配水分拡散係数 ………………………………………………… 49

    5.2.3 熱 伝 導 率 …………………………………………………………………… 53

付録　湿気物性値の測定例 ……………………………………………………………… 59

補遺1　平衡含水率の測定 ………………………………………………………………… 67

  1.1 塩飽和水溶液上の空気の平衡時相対湿度 ……………………………………… 67

  1.2 塩飽和水溶液の準備 ……………………………………………………………… 69

  1.3 平衡含水率に関する測定事例 …………………………………………………… 73

  1.4 精密湿度発生装置 ………………………………………………………………… 76

  1.5 動的水蒸気吸着測定装置 ………………………………………………………… 77

補遺2　湿気伝導率（カップ法に関して－各規準の比較） …………………………… 79

補遺3　水分拡散係数の測定法の詳細 …………………………………………………… 88

  3.1 含水率勾配水分拡散係数の標準的な測定について …………………………… 88

  3.2 温度勾配水分拡散係数の標準的な測定について ……………………………… 89

  3.3 吸水過程の実験に基づく水分拡散係数の決定方法 …………………………… 91

補遺4　周期法による熱伝導率の測定 …………………………………………………… 93

補遺5　放射線を利用し含水率を測定する方法（ガンマ線減衰法） ………………… 96

湿気物性に関する測定規準・同解説

１．目　　的

　本規準は，多孔質建築材料における熱・水分移動に関する抵抗系物性値と容量系物性値の測定法を示す．本規準で示す測定法に関連する基礎物理量測定法を併せて規定する．また，現在までに得られている材料の熱・湿気物性の測定値を示す．

　中緯度地域で南北に細長いわが国は，一年を通じて大きな温度と湿度の変動がある．このような気候条件下で，室内熱環境あるいは建築外皮の熱性能を予測・計画する際，湿度の影響には十分配慮する必要がある．このようなわが国特有の湿った気候に適した建築環境の設計・計画に資することを目的として，主として建築外皮を構成する材料湿気物性の測定法とその測定例に関する情報をまとめた．多孔質材料の湿気物性は，一般に温度の影響を受け，材料内やその周辺では水分移動に伴って熱移動が起きるため，本規準では，湿気物性のみならず多孔質材料の熱物性の測定法とその測定値も取り扱っている．

２．適 用 範 囲

　本規準で取り扱う範囲を以下に示す．
① 試料は単一の多孔質建築材料とする．複数の材料により構成される複合部材等を対象とした測定法は取り扱わない．
② １気圧から大きく外れない条件下における物性値を対象とする．

　建築材料内部での水分移動を対象とするため，ガラスや金属，樹脂のように内部に空隙をもたない密な建築材料は対象外とする．

表2.1　湿気物性学術規準の枠組み

要　素		設計基準	施工基準	試験基準	運用基準	備考
測定のための基礎物理量	含水率	－	－	測定法	－	－
	温度	－	－	測定法	－	－
	湿度	－	－	測定法	－	－
	寸法	－	－	測定法	－	－
	密度	－	－	測定法	－	－
	空隙率	－	－	測定法	－	－
材料物性 容量系	平衡含水率	－	－	測定法	－	測定値
	サクションカーブ	－	－	測定法	－	－
	比熱	－	－	測定法	－	－
抵抗系	湿気伝導率	－	－	測定法	－	測定値
	水分拡散係数	－	－	測定法	－	－
	熱伝導率	－	－	測定法	－	－

3. 用　　語

本規準で用いる用語の定義を表3.1～3.3に示す.

表3.1　用語の定義（基礎物理量）

用語	定　　義	記号	単位
質量基準 質量含水率	多孔質材料空隙内に存在し，可逆的に移動しうる水分の質量を材料の乾燥質量で除したもの[1].	u	kg/kg
容積基準 質量含水率	多孔質材料空隙内に存在し，可逆的に移動しうる水分の質量を絶乾状態の材料の容積で除したもの[1].	w	kg/m^3
容積基準 容積含水率	多孔質材料空隙内に存在し，可逆的に移動しうる水分の容積を絶乾状態の材料の容積で除したもの[1].	Ψ	m^3/m^3
材料質量	材料の質量. 材料中の水分を含めた質量であり，湿度の条件によって変化する.	m	kg
温度	熱平衡にある系がもつ，分子の運動エネルギーの平均値に比例する量.	T, θ	K, ℃
相対湿度	湿り空気の水蒸気圧と同一温度における飽和水蒸気圧との比.	ϕ	%
絶対湿度	湿り空気を構成する水蒸気の質量と乾燥空気の質量の比を表す. 水蒸気の質量を乾燥空気の質量で除したもの.	x	kg/kg kg/kg(DA) kg/kg'
熱流密度	単位時間に単位面積を通過する熱流量.	q	W/m^2
平衡含水率	雰囲気の水蒸気を吸放湿し熱力学的平衡に達したときの多孔質材料内含有水分の質量または体積と乾燥質量または体積との比.	W	kg/kg

表3.2　用語の定義（材料物性）

用語	定　　義	記号	単位
乾燥質量	絶乾状態にした材料の質量.	m_0	kg
体積（容積）	材料の体積（容積）.	V	m^3
乾燥密度	絶乾状態の材料の単位容積あたりの質量[1].	ρ_0	kg/m^3
空隙率	多孔質材料の中の空隙の全体積を物質の全体積で除したもの[2]. 全空隙率とも呼ばれる.	Ψ_0	m^3/m^3
比熱	単位質量の物質の温度を単位温度だけ上昇させるのに必要な熱量.	c	$J/(kg \cdot K)$
定圧比熱	圧力が一定の条件下で，単位質量の持つ熱量の温度に対する変化率.	c_p	$J/(kg \cdot K)$
定容比熱（定積比熱）	容積が一定の条件下で，単位質量の持つ熱量の温度に対する変化率.	c_v	$J/(kg \cdot K)$
熱容量	物質を単位温度だけ変化するのに要する熱量.	C	J/K
湿気伝導率（透湿率）	材料内の水蒸気流量密度の水蒸気圧勾配に対する定数.	λ' (δ_p)	$kg/(m \cdot s \cdot Pa)$
水分流	水分流量（水蒸気または液水の流量）を面積で除したもの.	g_v	$kg/(m^2 \cdot s)$
含水率勾配水分拡散係数	材料内の水分流の容積基準容積含水率勾配に対する比例係数.	D_ϕ	$kg/(m \cdot s)$
温度勾配水分拡散係数	材料内の水分流の温度勾配に対する比例係数.	D_T	$kg/(m \cdot s \cdot K)$
温度勾配係数	温度勾配水分拡散係数を含水率勾配水分拡散係数で除したもの.	ε	$1/K$
熱伝導率	材料内の熱流密度の温度勾配に対する比例定数[8].	λ	$W/(m \cdot K)$
透湿率	単位厚さあたりの透湿係数[6].	δ_p	$kg/(m \cdot s \cdot Pa)$
透湿係数	単位時間, 単位面積あたりに透過する水蒸気の質量[6].	δ_l	$kg/(m^2 \cdot s \cdot Pa)$
透湿抵抗	透湿係数の逆数.	Z_p	$m^2 \cdot s \cdot Pa/kg$
透湿度	規定の温度および湿度の条件で, 単位時間中に試験片を通過する単位面積あたりの水蒸気の質量[7].	$WVTR$	$g/(m^2 \cdot 24h)$

表3.3　用語の定義（その他）

用語	定　　　　義
ハイグロスコピック域	水分の移動は蒸気拡散が支配的で，材料内部に自由水に近い毛管水（マクロ毛管水）は存在しない範囲．
真空飽和	真空状態に保った脱気水に材料を浸漬させ，材料が恒量となった状態．この状態での含水率は材料の最大含水率となる．
毛細管飽和	大気圧下で室温に維持された蒸留水に材料を浸漬させ，材料が恒量となった状態．
絶乾状態	材料内部の空隙に蒸発する水分が存在しなくなるまで乾燥させた状態．
気乾状態	通常の大気の温湿度条件に対して平衡した水分を含んでいる状態[5]．
吸湿過程	材料内に水蒸気が流入し，材料の含水率が増加する過程．
放湿過程	材料内から水蒸気が流出し，材料の含水率が減少する過程．
履歴現象（ヒステリシス）	材料がたどって来た相対湿度に応じて平衡含水率が異なる現象．吸湿過程と放湿過程とで異なる平衡含水率曲線が定義される．
カップ法	湿気伝導率の測定法の一つであり，JIS，ASTM，ISOに共通の規準である．
平衡	熱力学的に平衡であること．

引用・参考文献

1）JIS A 1476：2016 建築材料の含水率測定方法

2）JIS A 0202：2008 断熱用語

3）JIS A 1475：2004 建築材料の平衡含水率測定方法

4）ASTM C1699 － 09 Standard Test Method for Moisture Retention Curves of Porous Building Materials Using Pressure Plates, 2015

5）日本建築学会：建築学用語辞典　第2版，岩波書店，1999

6）JIS A 1324：1995 建築材料の透湿試験方法

7）JIS K 7129：2008 プラスチック―フィルム及びシート―水蒸気透過度の求め方（機器測定法）

8）JIS A 1412：2016 熱絶縁体の熱抵抗及び熱伝導率の測定方法

9）JIS A 1408：2017 建築用ボード類の曲げ及び衝撃試験方法

10）日本建築学会：建築材料の熱・空気・湿気物性値，2001

4．測定のための基礎物理量

4.1 含 水 率

　ここでは，質量測定による含水率測定方法を示す．試料の乾燥温度は表4.1による．なお，表4.1に示す乾燥温度は，各材料が極力絶乾に近い状態となるように設定した条件であるが，試料に含まれる水分がすべて取り去られるとは限らない．また，高温にさらすと材料が組成分解する場合があるため，セメント硬化体は，材料中の水分をアセトン浸漬により置換し，水和の抑制を行った後，デシケータ内で真空乾燥する方法（D-dry）が行われることもある．

(1) 試料

　試料を切断等により採取する場合は，切断自体が含水率に影響を与えないように配慮する．また，容積測定が必要となる場合は，十分な平面度および直角度が保たれるように注意する．採取された試料を切断後即座に質量測定することが困難な場合は，含水率変化を避けるために，金属製容器に入れてシールするか，もしくは$144 \times 10^{-3} m^2 \cdot s \cdot Pa/ng$以上（JIS A 6930で定める住宅用プラスチック系防湿フィルムB種相当）の透湿抵抗を持つフィルムまたはシートで二重にラップする．

(2) 測定手順

　測定中の測定室の温度は，質量測定機器の精度を保持するため，23 ± 6℃にコントロールしておく．

　乾燥器（表4.1に示す温度管理ができ，かつ相対湿度10%RH以下に調節できる乾燥装置のことをいう）に入れる前に，試料質量を測定する．容積算出が必要な場合は，「4.4 寸法」で定める装置および精度で測定する．

　なお，試料を乾燥するときは，試料の構造・組成などが変化しないこと，水分以外の構成物質が失われないこと，大きな寸法変化がないこと，試験に関係する構成材料にダメージが生じないこと等に配慮する必要がある．

　24時間ごとに行う質量測定で，質量変化が試料質量の0.1%以下になるまで試料を乾燥させ，最後に測定した質量を試料の乾燥質量とする．なお，厚い試料や乾燥温度を低くせざるを得ない試料などは，質量変化が小さい場合もあるため，質量変化を2日または3日の間隔で判断する．また，試料の質量は，取出し後ただちに測定するか，シリカゲルなどの乾燥剤を入れて低湿にしたデシケータの中で30〜40℃程度に冷却してから測定する（試料を完全に冷却すると，デシケータから試料を取り出して測定する前に，その雰囲気温湿度に平衡するように再吸湿してしまうため）．

(3) 断湿保管した試料の扱い

　断湿保管している試料をそのままの状態で質量測定してから，試料を取り出す．そして，試料および断湿処理に使用した容器・材料の質量をおのおの測定する．その後，表4.1に示す乾燥温度で試料と包装容器・材料を別々に乾燥させる．容積が必要な場合は，乾燥させる前に「4.4 寸法」に示す機器および精度で測定しておく．

表4.1　試料の乾燥温度

材　　　　料	乾燥温度［℃］
105℃において組織的構造が変化しない材料．例えば，木質系材料，石材，モルタル，コンクリート，気泡コンクリート，セラミック．	105±2^{注1)}
65〜105℃の間で組織的構造的な変化が起こる材料．例えば，発泡プラスチック材，布，紙．	65±2
高い温度で結晶水の蒸発または発泡剤の放散が起こる材料．例えば，せっこう系材料，発泡材．	40±2
集成材，構造用合板	20±2 デシケータ法^{注2)}

注1），注2）105℃で乾燥させる木材は，組成が変化しない樹種とする．また，接着剤を使用している集成材や合板は，組成成分や寸法変化をさせないこととし，無水塩化カルシウムやシリカゲルなどの乾燥剤を用いたデシケータ法により測定する．寸法変化（容積変化）が問題になる木材（むく材）もデシケータ法を用いる．

(4)　測定精度

以上に述べた質量測定の精度は，試料質量の±0.1％未満とする．

(5)　計算方法および結果の表示

試料の質量基準質量含水率は（4.1）式を用いて算出する．ただし，断湿保管した試料の含水率は（4.2）式を用いて算出する．

$$u = \frac{m - m_0}{m_0} \tag{4.1}$$

$$u = \frac{m - m_0 - m_p}{m_0} \tag{4.2}$$

ただし，m_p：断湿処理に使用した容器・材料の乾燥後の質量［kg］容積基準質量含水率は，（4.3）式を用いて算出する．

$$w = u\rho_0 \tag{4.3}$$

なお，（4.3）式中の乾燥密度は（4.4）式を用いて算出する．

$$\rho_0 = \frac{m_0}{V} \tag{4.4}$$

容積基準容積含水率は，（4.5）式を用いて算出する．

$$\psi = u\frac{\rho_0}{\rho_w} \tag{4.5}$$

以上（4.1）〜（4.3），（4.5）式を用いた計算結果は，0.1％の桁まで表示する．

ただし，ρ_w：水密度（＝997.6kg/m³：23℃における），その他の温度の水密度は，（4.6）式（試料温度：℃）による[1]．

$$\rho_w = 999.90 + 0.052201\theta - 0.00759\theta^2 + 0.3871 \times 10^{-4}\theta^3 \tag{4.6}$$

放射線を利用した非破壊測定法については，補遺5において詳述する．

引用・参考文献

1）JIS A 1476：2016 建築材料の含水率測定方法

2）ASTM D2395-93 Standard Test Methods for Specific Gravity of Wood and Wood-base Material, 1997

3）日本建築学会：建築材料の熱・空気・湿気物性値，2001

4）日本建築学会：建築材料実験用教材，2003

4.2 温　　度

(1)　概要

　国際単位系（SI）および計量法における温度の単位は，ケルビン（K）またはセルシウス度（℃）が使われている．両者の温度の間隔は等しく，次式の関係がある．

$$\theta = T - 273.15 \tag{4.7}$$

　　　T：絶対温度 [K]，θ：セルシウス温度 [℃]

(2)　測定器具

　測定の目的に応じて，センサーおよび測定装置を適切に選択することが重要となる．以下に各温度計の特徴を記す．

　1）熱膨張式温度計

　　a）ガラス製温度計[1]~[4]

　　　簡易に，比較的精度良く，長期間安定した測定ができる．ガラス容器に水銀が封入されているものと有機液体が封入されたものとがある．所定の精度を満たすものは標準温度計としても使われる．また，通風乾湿計にも用いられている．欠点としては，破損しやすく，振動，衝撃に弱いこと，連続測定，自動測定ができないこと，応答が遅いため変動の測定には適さないことが挙げられる．

　　b）バイメタル式温度計[1],[4]

　　　バイメタルは，熱膨張率の異なる2種類の薄い金属板を重ねて貼り合わせたもので，温度に応じて反り返る性質を持つ．この反り返る度合いにより温度を検出する．

　2）抵抗温度計[1],[5]~[7]

　　白金測温抵抗体およびサーミスタによる温度測定は，それらの電気抵抗値が温度の関数であることを利用している．抵抗値を測定するためには電源が必要である．データ収録装置を用いて自動測定が可能である．

　　a）白金測温抵抗体

　　　白金は電気抵抗と温度の関係が最もよく知られた金属であり，安定性が良く，標準温度計として利用される．

　　b）サーミスタ測温体

　　　サーミスタは，金属（マンガン，ニッケル，コバルトなど）の酸化物からなる半導体である．検出素子が小さく応答遅れが少ない，微小温度差が測定できる，測定目的に合わせて各種形状のものを作ることができるという特徴をもつ．サーミスタ測温体は，電気抵抗が温度によって著しく変わるため，使用する温度に応じた抵抗値を選択する必要がある．

　3）熱電対[1],[5],[8]~[11]

　　熱電対は，2種類の導体の一端を電気的に接続したものである．接続点（測温接点）を測定すべき位置に置き，回路途中に置かれた基準接点の温度を一定（例えば氷点）に保つことで，両接点間の温度差に応じて発生する熱起電力を電位差計などで測定し，温度を検出する．結線方法の詳細については，JIS[5]を参照されたい．

　　熱電対の構成材料には数種あるが，＋脚として銅，－脚としてコンスタンタン

（銅とニッケルの合金）を用いた T 型熱電対が常温での測定にはよく使用される．センサーの応答は比較的良い．補償導線は主に熱電対と計測器の間の周囲条件による悪影響を防止したい場合に用いる．ただし，熱電対の種類に適合した補償導線を用いる必要がある[9]．

　　最近のデータ収録装置には，基準接点を一定温度に保つことをせず，装置の周辺空気や装置内のある点の温度を測定して基準接点を補償する補償式基準接点を採用したものが多い．しかし，熱電対の接続点との温度差が生じやすく，測定値の信頼性が低下する要因となる．この方式を採用する場合，必要に応じて断熱・放射遮蔽をする，収録装置の内部発熱に注意するなどして，熱電対の接続点および補償式基準接点の温度差を小さくする工夫が必要である．0.01～0.1K 程度の温度差検出を目的とする場合は，氷点式基準接点[5]または電子冷却式基準接点[5]を設ける方法が推奨される．

4）放射温度計[14],[21]

　　物体はその温度に応じて表面から電磁波を放射する．これを熱放射という．熱放射のうち，波長範囲0.38～25μm の可視光線および近赤外線を検出して温度を測定するのが放射温度計である．狭い波長帯域における熱放射だけを測定する単色放射温度計や，広い波長帯域における熱放射を測定する全放射温度計などがある[14]．最近では，サーモグラフィーのように可視像として温度分布を表示できるタイプの放射温度計も広く普及している．熱放射の検出方式は，熱型と量子型に大別される．熱型は，検出器に放射線が当たった際に受光面がわずかに温度上昇することを利用するもので，量子型は放射線を光として検知するものである[21]．非接触で測定できるため，接触式の温度計に比べ，温度場を乱しにくい，応答が速い，高温の測定が容易に行えるなどの利点がある．一方，外乱光の影響を受けやすい，測定対象の放射率に応じて温度を補正する必要があるなど，精度良く測定するには，使用する放射温度計の特性を十分に理解しておく必要がある．

(3) 温度計の校正[1],[12]~[14]

　　測定器の信頼性を確保するため，温度計の校正が必要となる．温度計の校正とは，使用する温度計の指示値と国家計量標準にトレーサブルな標準温度計（特定二次標準器や常用参照標準器など）の指示値との関係を明らかにし，指示値から測定結果を得るための関係を確立する操作のことをいう[12]．標準温度計には，単色放射温度計や貴金属熱電対などが用いられることが多い[13]．標準温度計の精度は JIS[1]に定められている．校正を行うには，いくつかの水準の基準温度を実現し，その温度における温度計の示度を知ることが必須条件である．

　　上記以外の校正方法としては，定点法がある．定点法は氷点，水の沸点などの温度定点を実現し，その温度定点における温度計の示度を位置付ける方法である．赤外線温度計の場合，標準黒体が使用される．詳細は JIS[14]に定められている．

(4) 温度計および温度センサーの精度

　　精度とは，測定値と真値との一致の度合いのことである．JIS においては，基準値とそれに対して許容される限界の値との差，あるいは「ばらつき（測定値の不揃いの程度）」が許容される限界の値を「許容差」と定義し[12]，温度計の階級またはクラスを定めてい

る．熱電対[8]，測温抵抗体[6]，サーミスタ測温体[7]についてそれぞれ許容差が定められている．

(5)　測定上の注意[1),15)~20)]

　一般にある空間の空気温度は一様でない．空間の平均温度が必要な場合は，多数点で同時に測定を行う必要がある．一方，温度分布を測定する場合には，測定対象の温度場を可能な限り変えないようにする．また，温度の変動を測定する場合には，センサーの熱容量が十分に小さい温度計を選ぶ必要がある．センサーは対象空間を取り囲む物体から熱放射の影響を受けるので，必要に応じて放射遮蔽を施すことが肝心である．周辺の温度場への影響が問題にならない程度であれば，センサー周辺の風速を上げることで放射の影響を相対的に小さくできる．

　表面温度の測定には，センサーを物体に接触させる方法と，熱放射を利用して非接触で測定する方法の二つがある．接触させる場合，導線を通して周囲からセンサーに熱が伝わるので，センサーの温度が物体の温度に等しくなるよう，取付けに工夫する[17]．また，放射が測定に及ぼす影響を小さくするには，測定対象物と放射率が同程度の接着剤やテープにより温度センサーを固定することが望ましい[20]．センサーの信号線へのノイズにも注意し，電気的絶縁に配慮する．赤外線を利用した非接触表面温度測定には，測定しようとする表面の放射率をあらかじめ入力しなければならない．

表4.2　各種材料表面の放射率[22),23)]

材　　　料	放射率 ［－］
完全黒体	1.00
黒色非金属面（ペイント，紙，スレート，アスファルト）	0.90～0.98
暗色ペイント（赤，茶，緑など），コンクリート，タイル，石黄および純黄色煉瓦，耐火煉瓦	0.85～0.95
白または淡クリーム色の煉瓦，タイル，ペイント，紙，プラスター，塗料	0.85～0.95
窓ガラス	0.90～0.95
光沢アルミニウムペイント，金色またはブロンズペイント	0.40～0.60
よく磨いたアルミニウム，ブリキ板，ニッケル，クローム	0.20～0.40

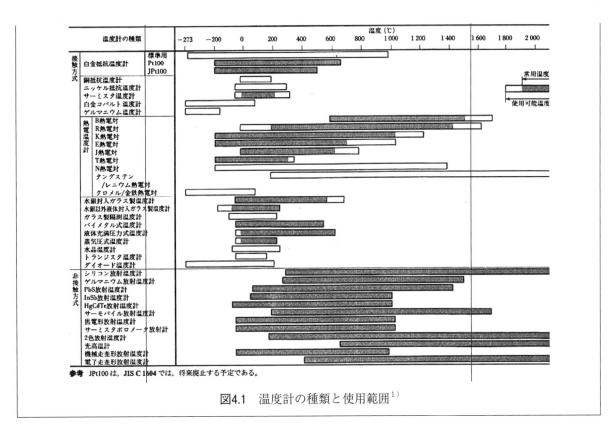

図4.1　温度計の種類と使用範囲[1]

引用・参考文献

1）JIS Z 8710：1993 温度測定方法通則

2）JIS B 7414：2018 ガラス製温度計

3）JIS Z 8705：2006 ガラス製温度計による温度測定方法

4）JIS Z 8707：1992 充満式温度計及びバイメタル式温度計による温度測定方法

5）JIS Z 8704：1993 温度測定方法―電気的方法

6）JIS C 1604：2013 測温抵抗体

7）JIS C 1611：1995 サーミスタ測温体

8）JIS C 1602：2015 熱電対

9）JIS C 1610：2012 熱電対用補償導線

10）温度の計測，計量管理協会編，コロナ社，1988

11）日本建築学会：建築環境工学実験用教材Ⅰ　環境測定演習編，pp.6-7，1982

12）JIS Z 8103：2019 計測用語

13）独立行政法人製品評価技術基盤機構ホームページ：JCSSの概要，登録区分およびトレーサビリティ体系図，４．温度，https://www.nite.go.jp/data/000001161.pdf（参照日：2019年6月20日）

14）JIS C 1612：2000 放射温度計の性能試験方法通則

15）宮野秋彦，小林定教：熱電対による温度測定の誤差（第3報）（気温測定の場合）：日本建築学会東海支部研究報告，pp.184-186，1968

16）小林定教：気温測定，日本建築学会環境工学委員会　熱分科会　第8回熱シンポジウム，pp.49-54，1978

17）鈴木憲三，羽山広文：建築環境計測における放射温度計，日本建築学会環境工学委員会　熱分科会　第8回熱シンポジウム，pp.25-28，1978

18）梶井宏修：表面温度測定（Ⅰ）（熱電対利用による表面温度測定），日本建築学会環境工学委員会　熱分
　　科会　第8回熱シンポジウム，pp.5-16，1978

19）成瀬哲生：表面温度測定（Ⅱ）―赤外線ふく射温度計および同カメラによる測定について，日本建築学
　　会環境工学委員会　熱分科会　第8回熱シンポジウム，pp.17-24，1978

20）JIS A 1420：1999 建築用構成材の断熱性測定方法―校正熱箱法及び保護熱箱法

21）中村元：赤外線放射温度計の基礎，日本機械学会講習会教材　熱設計を支援する熱流体計測技術，
　　pp.45-60，2009

22）渡辺要編：建築計画原論Ⅱ，p.9，丸善，1974

23）ASHRAE Fundamentals Handbook (SI), Chapter 3 Heat Transfer, 2001

4.3　湿　　　度

(1)　概要

　「湿度」は，湿り気の程度を表し，空気中の気体の水分子，すなわち水蒸気量の大小により決定される．空気が含み得る水蒸気量には上限（飽和水蒸気量）が存在し，その量は温度に依存する．湿度の指標には，相対湿度と絶対湿度がある．このうち絶対湿度は，分野により定義が異なる．建築の分野で常用される絶対湿度は，［水蒸気の質量］/［乾燥空気の質量］（単位：kg/kg）である．比湿や混合比（humidity ratio）と表記されることもある．建築以外の分野で用いられる絶対湿度［水蒸気の質量］/［湿り空気の容積］（単位：kg/m³）とは定義が異なるので，注意が必要である．

(2)　測定器具

　1）アスマン通風乾湿計

　　　水でぬれた物体の表面は，水の蒸発によって熱が奪われ，周辺に比べ温度が低くなり，周囲からの熱の流入と蒸発熱とが平衡する温度に達する．この温度低下量は，気温，湿度，気流および気圧などに依存する[1]．アスマン通風乾湿計は，この現象を利用した湿度計で，ガラス製温度計を2本並べ，一方の感温部を湿布で覆い，それぞれ2〜4 m/s 程度の一定風速を与えられるものとなっている．一般に，湿布で覆った温度計の感温部を湿球，他方の温度計の感温部を乾球と呼ぶ．両者の温度差から湿度を求めることができる．周囲が乾燥しているほど湿球温度の低下量は大きく，相対湿度100%RH の場合には両者の温度が等しくなる．

　　　原理が単純であるので精度の高い機器を作成できるという長所がある．一方，蒸発現象を利用するため，周囲空間が狭い場合は加湿源として作用してしまうこと，自動計測が困難であること等の短所を有する．後述の鏡面冷却露点計と同様に，他の湿度センサーの校正に用いることが多い．

　2）毛髪式湿度計

　　　古くから利用されている毛髪が湿気で伸縮する性質を湿度計に仕立てたものである．かつては人間の毛髪を使用していたが，近頃では人工繊維に代わっている．

　3）電気抵抗式湿度計

　　　周囲の湿気を吸着すると膜材料の電気抵抗が変化する性質を利用した湿度計である．一定の電圧を与え，吸着膜を通過する電流の変化を測定する．吸着膜に利用する物質が揮発性であり，時間とともに劣化する．センサーとしての精度が保証されるのは，おおむね2年程度と言われている．

　　　極めて微小な空間の測定では，センサー自身の吸放湿の影響が結果に影響を与える可能性があるため，注意を要する．しかし，比較的安価で自動計測可能なため，湿度センサーとして非常に多く用いられている．

　　　測定用回路の電気抵抗は温度により変化するため，これを湿度の変化と誤認する可能性がある．このため，並置されている電気抵抗式温度センサーで温度を同時に測定し，温度変化による影響を補正している．一般に，吸着膜の湿度に対する応答速度と温度センサーの温度に対する応答速度は異なる．温度センサーの応答にはセンサー自身の熱容量が関与するため，吸着膜の電気抵抗変化より遅れる傾向がある．

したがって，急激に温度が変化する場合，応答時間の差により，湿度測定信頼性が低下するため，注意が必要である．

　4）静電容量式湿度計

　　電気抵抗式湿度計が吸着膜の電気抵抗の変化を利用しているのに対し，こちらは吸着膜の電気容量の変化を利用している．温度変化の影響を受けにくく，精度が高いと言われている．センサーとしての精度が補償されるのは1年程度と言われている．

　5）鏡面冷却露点計

　　測定対象空間から非吸湿性のチューブで空気を取り込み，鏡面に当てて冷却する．結露が生じると鏡が曇るので，これを光学的に検出して露点温度を知る．非常に正確な露点温度が求められるが，サンプリングにより測定対象を乱し，変化への追従が遅いため，現場測定には不向きである．他の湿度センサーの精度確認に用いることが多い．湿度計測をする場合には，計測結果の校正作業は重要なので，必需品であるともいえる．

　　なお，鏡面やチューブに汚れが付着すると，測定精度が低下する．このため，鏡面やチューブ類は定期的に清掃・交換するなど，装置のメンテナンスが必要である．

　6）絶対湿度計

　　絶対湿度変動による空気の熱伝導率変化を微小な発熱を与えた際の空気の温度変化により検出する方法である．応答が早いという長所を有する．

(3)　湿度計の校正

　電気抵抗式湿度センサーをはじめ，湿度計は経時とともに精度が低下する場合がある．測定器の信頼性を確保するため，湿度計は定期的に校正を行うのが望ましい．湿度計の校正とは，使用する湿度計の指示値と国家計量標準にトレーサブルな標準湿度計（特定二次標準器など）の指示値との関係を明らかにし，指示値から測定結果を得るための関係を確立する操作のことをいう[4]．特定二次標準器には，鏡面冷却露点計が使われている[5]．

　湿度計の種類と測定範囲を表4.3に示す．

表4.3　湿度計の種類と使用温度範囲[1]

方　　　法		種類	測定範囲
熱力学的平衡温度測定による方法	水蒸気圧法	アスマン通風乾湿計	温度：－5～99℃ 相対湿度：10～100％RH
	露点法	鏡面冷却露点計	温度：－60～100℃
吸湿性物質の物性測定による方法	伸長率法	毛髪式湿度計	温度：－5～50℃ 相対湿度：10～95％RH
	インピーダンス法	電気抵抗式湿度計	温度：－30～60℃ 相対湿度：5～95％RH[注1]
		静電容量式湿度計	温度：－30～80℃ 相対湿度：2～98％RH[注2]
空気の物性測定による方法	熱伝導率法	絶対湿度計	温度：10～120℃ 絶対湿度：0～130g/m^3

注1）高分子電気抵抗式湿度計の場合の測定範囲である．温度低下に伴い測定範囲は，上限値を維持したまま狭まる．

注2）感湿部及び信号処理部の性能，材質並びに構造によって，測定範囲を限定したものもある．

引用・参考文献

1）JIS Z 8806：2001 湿度―測定方法

2）堀江悟郎：建築計画原論Ⅲ 第9章　湿気，pp.131-173，丸善，1965

3）松本衛：新建築学大系　10　環境物理　第3章　湿気，pp.105-182，彰国社，1984

4）JIS Z 8103：2019 計測用語

5）独立行政法人製品評価技術基盤機構ホームページ：JCSS の概要，登録区分およびトレーサビリティ体系図，25. 湿度，https://www.nite.go.jp/data/000001155.pdf（参照日：2019年6月20日）

4.4　寸　　　法

(1)　概要

　建築材料の熱湿気物性の測定や密度を算定する際に，寸法測定が必要となる．熱伝導率や湿気伝導率等の測定法に関する公的規格や既往の論文では，一辺の長さが100〜300mm 程度の平板で，厚さは5〜30mm 程度の試料が対象となる．したがって，これらの寸法測定の場合は，ノギス（JIS B 7507：2016），マイクロメータ（JIS B 7502：2016）またはこれと同等の精度を有するものを使用することが必要となる．一辺の長さが400mm を超えるものについては，鋼製巻尺（JIS B 7512：2018）・鋼製直定規（JIS B 7514：1977）等を使用してもよい．

(2)　測定上の注意

　建築材料は，レンガやコンクリート，せっこうボード，木質系硬質繊維板などの硬質材料と，グラスウールやロックウールなどの軟質材料およびポリエチレンフィルムや透湿防水シートなどのシート状材料に大別できる．硬質材料に関しては測定時の加圧力は大きな問題にならないが，軟質材料およびシート状材料は，加圧により変形が生じる場合があるので，測定時には注意を要する．

　また，透湿性能測定時など試料をカップ等に拘束する場合については，含水率によって生じる寸法変化により試料自体が破壊しないように注意を要する．

(3)　測定器の正確さ

　平板材料の寸法測定器の正確さは，表4.4に示す値以内とする．また，シート状材料の厚さ測定器の正確さについては，表4.5に示す値以内とする．なお，プラスチックフィルムまたはシートの厚さ測定は，マイクロメータ等を用いる機械的走査による測定方法（A法）のほかに，試料の質量法による測定方法（B1法）およびロール製品の質量法による平均厚さの測定方法および必要に応じてイールド（単位質量あたりの面積）の測定方法（B2法）がある（JIS K 7130：1999）．

表4.4　平板試料の寸法測定器の正確さ

対象	正確さ
試料の各辺の寸法	±0.25％以内
試料の表面積	±0.5％以内
試料の容積	±1％以内

表4.5　シート状材料の厚さ測定器の正確さ（JIS K 7130：1999）

フィルムまたはシートの厚さ	正確さ
100μm 以下	±1μm 以内
100〜250μm 以下	±2μm 以内
250μm 以上	±3μm 以内

(4)　測定器具

　1）マイクロメータ

　　マイクロメータは JIS B 7502：2016で規定されており，湿気物性に関わる建築材

料の場合は，通常，外側マイクロメータを使用する（図4.2参照）．最大測定長は500mm までとされており，測定範囲は25mm ごとである．一般には， 0 〜25mm，25〜50mm，50〜75mm 程度のものが多く市販されている．目量または最小表示量は0.001mm もしくは0.01mm のものが多い．機械式デジタル表示と電子式デジタル表示のものがあり，またフィルムなど変形しやすいものの測定にも対応できる機種もある．

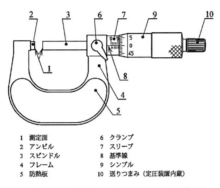

1 測定面	6 クランプ
2 アンビル	7 スリーブ
3 スピンドル	8 基準線
4 フレーム	9 シンブル
5 防熱板	10 送りつまみ（定圧装置内蔵）

図4.2　外側マイクロメータ[7]

2）ノギス

　ノギスは JIS B 7507：2016で規定されている．ノギスとは，外側用および内側用の測定面のあるジョウを一端に持つ本尺を基準に，それらの測定面と並行な測定面のあるジョウを持つスライダを滑らせ，各測定面間の距離を本尺目盛，およびバーニヤ目盛もしくはダイヤル目盛によって読み取ることができる測定器のことをいう（図4.3参照）．電子式デジタル表示によって読み取ることができる測定器もある．目量，最小表示量または最小読取り値が0.1mm，0.05mm，0.02mm または0.01mm，最大測定長1000mm 以下のものが規定されている．

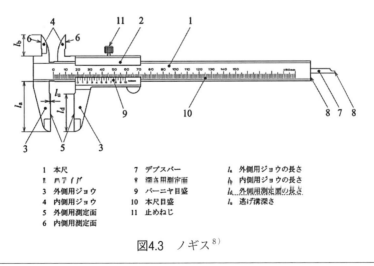

1 本尺	7 デプスバー	l_a 外側用ジョウの長さ
2 スライダ	8 深さ用測定面	l_b 内側用ジョウの長さ
3 外側用ジョウ	9 バーニヤ目盛	l_d 外側用測定面の長さ
4 内側用ジョウ	10 本尺目盛	l_u 逃げ溝深さ
5 外側用測定面	11 止めねじ	
6 内側用測定面		

図4.3　ノギス[8]

引用・参考文献

1）日本建築学会：建築材料実験教材，2003

2）水畑雅行，寺島貴根：高湿建築材料中の水分の挙動とその解析，日本建築学会環境工学委員会　熱環境運営委員会　第21回熱シンポジウム，pp.21-28，1991.8

3）荒井良延，寒河江昭夫，権藤尚，和美広喜，丸山則義：ゼオライト系調湿パネルに関する研究開発（その6）壁装の吸放湿計算モデル，日本建築学会大会学術講演梗概集，pp.279-280，1994.9

4）水谷章夫：多孔質材の湿気物性とその測定法，日本建築学会環境工学委員会　熱環境小委員会　第26回熱シンポジウム，1996.10

5）谷本潤：塩化物を含侵させた高性能調湿建材，日本建築学会環境工学委員会　熱環境小委員会　第26回熱シンポジウム，1996.10

6）中尾正喜：建築材料の吸放湿特性の動的測定法，その3 測定実験，日本建築学会計画系論文報告集，第348号，1985.2

7）JIS B 7502：2016 マイクロメータ

8）JIS B 7507：2016 ノギス

9）JIS B 7512：2018 鋼製巻尺

10）JIS B 7514：1977 直定規

11）JIS K 7130：1999 プラスチック—フィルム及びシート—厚さ測定方法

12）JIS A 6930：2008 住宅用プラスチック系防湿フィルム

13）JIS A 6111：2016 透湿防水シート

14）JIS Z 2101：2009 木材の試験方法

15）JIS Z 8807：2012 固体の密度及び比重測定方法

16）JIS Z 0208：1976 防湿包装材料の透湿度試験方法（カップ法）

17）ISO 12571 Hygrothermal performance of building materials and products － Determination of hygroscopic sorption properties, 2000

18）ISO 12572 Hygrothermal performance of building materials and products － Determination of water vapour transmission properties, 2016

4.5　密　　　度

(1)　概要

　建築材料の多くは，通気性または非通気性の気泡を含む多孔質材であり，このような材料の密度を見かけ密度，かさ密度[1]などと呼ぶこともある．一般に，材料の熱湿気物性は密度依存性があるため，材料の密度を知ることは重要である．

(2)　試料

　試料の大きさは規格などによってさまざまであるが，寸法100×100mm～200×200mm 程度の直方体とすることが多い．含水率測定と同様，試料は十分な平面度および直角度が保たれるように製作する必要がある．

(3)　測定手順

　測定は，以下の手順で行う．

　1）一定温湿度環境下で試料を状態調節する．状態調節は，材料の種類や測定の目的に応じて任意の条件に設定してもよいが，JIS[2]等で規定される標準状態（例えば，温度23±1℃，相対湿度50±5％RH）で行われることが多い．

　2）試料の質量を電子天びんなどで測定する．

　3）4.4「寸法」に示す手順および測定器で寸法および厚さを測定し，試料の体積を求める．

(4)　測定精度

　1）質量測定は，試料の質量を0.5%以下の正確さがある測定器を用いる．

　2）寸法および厚さ測定は，表4.4および表4.5に示す精度（測定器の正確さ）または関連する JIS などで規定される読取り精度を有する測定器を用いる．

(5)　計算方法

　試料の密度は，（4.8）式を用いて算出する．

$$\rho = \frac{m}{V} \tag{4.8}$$

　　ρ：密度 $[\mathrm{kg/m^3}]$，m：質量 $[\mathrm{kg}]$，V：体積 $[\mathrm{m^3}]$

(6)　測定上の注意点

　1）寸法測定による体積測定が困難な材料の場合

　　建築材料の種類によっては，絶乾処理により変形した木材や，平面度の保たれていないレンガなど，理想的な直方体でない場合もあり，寸法測定によらない体積測定法が必要となる場合がある．

　　体積測定法には，水中浸せきによる測定法（アルキメデス法）[3]があるが，含水による形状変化を生じる材料では利用しにくい．そのほかに非接触座標測定器[4]でレーザーを用いて表面形状を三次元座標データとして測定する方法，物体を入れた容器内の圧力変動の大きさを用いて測定する音響式測定法[5]，定容積膨張法による乾式密度測定法[6]などがある．また，必ずしも材料形状を留めた密度測定を行う必要のない材料，吹付け材料などの寸法測定や体積測定が困難なものは，試料を粉体とし，その密度を測定する方が良い場合もある．

　　なお，かさ比重や真比重などの測定法が JIS 等で規定されている材料については，

その方法に従うことでもよい.

2）低密度材料の場合

　　密度30kg/m³以下の低密度で独立気泡の材料は，空気の浮力が密度測定の不確かさに影響することがある. このような材料は，次の式によって密度を算出するのが望ましい[7),8)]. なお，式（4.9）の置換された空気の質量は，試料の体積（m³）に雰囲気温度および大気下における空気の密度（kg/m³）を乗じた値である. 温度23℃，気圧101325Pa における空気の密度は1.220×kg/m³である.

$$\rho = \frac{m + m_\mathrm{a}}{V} \tag{4.9}$$

m_a：置換された空気の質量 ［kg］

引用・参考文献

1）JIS A 0202：2008 断熱用語

2）JIS Z 8703：1983 試験場所の標準状態

3）JIS K 7112：1999 プラスチック―非発泡プラスチックの密度及び比重の測定方法

4）JIS B 7441：2009 非接触座標測定機の受入検査及び定期検査

5）石井泰：音響式体積計，計測と制御，第36巻　第4号，pp.288-291，1997

6）JIS Z 8837：2018 体積置換による密度の測定―ガスピクノメータ法による骨格密度

7）JIS K 7222：2005 発泡プラスチック及びゴム―見掛け密度の求め方

8）ISO 845 Cellular plastics and rubbers － Determination of apparent (bulk) density, 1988

4.6　空　隙　率

(1)　概要

　多孔質材料には大なり小なり空隙が存在し，その材料中の空隙の割合を表す空隙率の代表的な測定法として，ここでは水中浸せきによる測定法（アルキメデス法）について述べる．また，参考として材料の細孔径分布を測定する水銀ポロシメータ法についても併せて述べる．

(2)　アルキメデス法

　1）解説

　　「水中の材料の見かけの重量は，水を十分に含んだ材料の重量から浮力を引いたものであり，浮力は水を含まない材料の実質の体積分に相当する水の重量に置き換えられる」というアルキメデスの法則を利用したものである．まず，試料を水に浸せきして空隙を飽和させ，そのとき（飽和時）の質量（W_{wet}）を測定する．次に飽和した状態の試料を水中に吊り，浮力を含めた質量（$W_{underwater}$）を測定する．最後に，その試料を十分に乾燥させたとき（絶乾時）の質量（W_{dry}）を測定する．空隙率ϕは以下の式で与えられる[1]．

$$\phi = \frac{W_{wet} - W_{dry}}{W_{wet} - W_{underwater}} \tag{4.10}$$

　　なお，乾燥方法の詳細，絶乾時の見極めは4.1「含水率」を参照されたい．飽和時の見極めは絶乾時の見極めに準ずる．

　2）適用範囲

　　試料は，水中に浸せきすることや乾燥することで，試料の構造・組成などが変化しないもの，水分以外の構成物質が失われないもの，寸法の変化がないもの，空隙の形状が変化しないものに限定される．また，試料内空隙に水を保持できない構造のものも飽和時の質量が測定できないことから本法には適さない．

　3）測定器具

　　水中での見かけの質量を測定するために，水槽と試料を水中に吊るすかご（または皿）が必要である．ここで，水中で用いる器具は，水中で体積変化や質量変化を生じない素材のものとする．また，試料を乾燥させるための乾燥器と，飽和時の試料の質量を測定する際に，試料の表面の水膜を取り除くのに用いる乾燥した柔らかい吸水性の布が必要である．

　　a）はかりは，試料質量の0.02％以下の目量を持つものとし，かご（または皿）の中心から，直径3mm以下の金属線でかご（または皿）を吊るし，それを水中に浸すことができる構造とする．

　　b）かご（または皿）は，試料を水中で保持できるものとする．なお，試料が水に浮く場合は，おもり等を用いて試料を完全に水中に保持させる．

　　c）乾燥器は，排気口のあるもので，105±5℃に保持できるものとする．

　4）測定手順の概要

　　測定手順は文献[2]に準ずるものとする．

　　まず，試料の表面についているごみ，その他を取り除き，20±5℃の水中で十分
に吸水させる．水は上水道水など清浄な水とする．十分に吸水し，飽和状態となっ
た試料を水中から取り出し，水切り後，吸水性の布を用いて目で見える水膜をぬぐ
い去り，表面乾燥飽水状態として，このときの質量を測定する．なお，表面乾燥飽
水状態にする際に過度にぬぐうと極端に乾燥するおそれがあるので注意を要する．

　　次に，試料をかご（または皿）に入れ，20±5℃の水中に投入し，少し振動を与
えて試料表面の付着空気を排除した後，試料の水中での見かけの質量を測定する．
なお，かご（または皿）が水中に没している高さは，かご（または皿）だけの場合
とかご（または皿）と試料の場合において一定となるように調整する．

　　最後に，水中から取り出した試料を一定の質量となるまで十分に乾燥し，室温ま
で冷やしたのちに質量を測定する．

(3)　水銀ポロシメータ法

1）解説

　　水銀ポロシメータ法は，材料に圧力をかけることにより水銀を圧入し，細孔径分
布と細孔容量を求めるものである．水銀は表面張力が大きく，ほとんどすべての固
体に対して90°以上の接触角を示し，外部から圧力をかけないと空隙内には入らな
い．空隙を円柱（＝細孔）と仮定した場合の圧力と細孔の直径との関係は（4.11）
式（ウォッシュバーンの式）で表され，圧力に応じて，水銀が圧入された最小の細
孔径が計算できる．

　　圧力を種々に変化させながら水銀圧入量を測定すれば，圧入量が細孔の体積に相
当し，圧力から細孔径が計算できるので，細孔径分布が求められる．また，細孔の
体積を合算したものが細孔容量となる．厳密には，細孔容量と材料の空隙率は等し
くないが，材料によっては細孔容量を材料の空隙率に代替する考え方もある．

$$P = -\frac{4\sigma(\cos\theta)}{d} \tag{4.11}$$

　　P：圧力［Pa］，σ：水銀の表面張力（0.480［N/m］at 25℃），
　　θ：接触角（材料によって異なるが，おおよそ120～155°），d：細孔直径［m］

　　なお，本測定法における課題として，高圧では試料の圧縮変形，断熱圧縮による
温度上昇（または，これに伴う体積膨張）により，水銀の表面張力と接触角との関
係の定義が物理的に不明確になる（空隙を円柱と見なせなくなる）可能性があるこ
と，細孔構造が破壊することもあること，昇圧過程と降圧過程の間に履歴が見られ
ることなどが挙げられる[3]．

2）適用範囲

　　この試験方法で測定できる外表面とつながっている空隙（開気孔）の入口部分の
見かけの直径の範囲は，試験装置の作動圧力範囲によって決まるが，一般的には見
かけの直径が数ナノメートル～数百ナノメートルの開気孔に限られる．また，試料
は，水銀と反応しないもの，圧力をかけることによって細孔径が変化しないものに
限定される．

3）測定器具

　　試料への水銀の圧入のために，真空から数百メガパスカルの圧力範囲で加圧でき

る水銀ポロシメータ装置を利用する．この装置には，低圧・高圧測定部分離型と低圧・高圧測定部一体型の2種類があり，また試料容器の設置方法として，縦置き型と横置き型に分類される．

　この測定装置は，基本的に以下の装置で構成される．圧力計，真空ポンプ，真空度計，加圧装置（加圧ポンプまたは加圧ガスボンベ），圧入量測定装置（主にキャピラリ（水銀が送られる細い管）の静電容量を測定して体積に換算する静電容量法が用いられる）．

4）測定手順の概要

　測定手順は文献[4]に準ずるものとし，その概要と注意点を以下に示す．

　a）試料の秤量は，試料全体の開気孔量（外表面とつながっている空隙の量）がキャピラリ部容積の20〜90％程度となるようにする．

　b）真空排気は，水銀圧入前に10Pa以下の真空度にする．

　c）水銀を容器内に圧入する際，必要とする圧力まで，加圧ポンプまたは加圧用窒素ガスボンベを用いて容器内部を昇圧し，その圧力と水銀圧入量を測定する．細孔中に水銀が浸入すると試料セル部分の水銀面が低下するので，その低下量を静電容量変化として測定する．

引用・参考文献

1）JIS A 1509-3：2014 セラミックタイル試験方法—第3部：吸水率，見掛け気孔率及びかさ密度の測定方法

2）JIS A 1110：2006 粗骨材の密度及び吸水率試験方法

3）近藤精一，石川達雄，安部郁夫：吸着の科学　第2版，共立出版社，2001

4）JIS R 1655：2003 ファインセラミックスの水銀圧入法による成形体気孔径分布試験方法

5）渡村信治：吸放湿材の開発　—メソポーラス材料の利用—，「湿気研究の新たなる進展」日本建築学会環境工学委員会　熱環境小委員会　第31回熱シンポジウム，pp.81-86，2001.10

6）Martin Krus, Moisture Transport and Storage Coefficients of Porous Mineral Building Materials, Theoretical Principles and New Test Methods, Fraunhofer IRB Verlag, 1996

5．材料物性
5.1　容量系
5.1.1　平衡含水率

（1）概要

　ここでは，多孔質な材料のハイグロスコピック域での平衡含水率を以下の2種類の方法で測定する手順について述べる．

　　1）デシケータ法

　　　恒温槽内に設置したデシケータ内の空気の相対湿度を，塩の飽和水溶液を利用して特定の値に制御し，その空気に試料を曝露する方法である．

　　2）人工気候室法（チャンバー法）

　　　試料を人工気候室内に設置し，試料周辺空気の相対湿度・温度を人工気候室により制御する方法である．

（2）測定概要

　　1）吸湿過程の平衡含水率曲線

　　　まず，試料を一定質量まで乾燥させる．温度を一定に保ちながら，相対湿度が段階的に上昇する一連の試験環境に連続的に曝露する．各環境での平衡が達成された段階で含水率を決定する．なお，乾燥方法と含水率測定の詳細は，4.1「含水率」を参照されたい．環境条件との平衡は，試料の測定質量が一定になることで達成される．考えている相対湿度領域内で，最低でも5種類の湿度における測定値を得ることが望ましい．各相対湿度での平衡含水率の測定結果を線で結んだものが平衡含水率曲線である．

　　2）放湿過程の平衡含水率曲線

　　　放湿過程の平衡含水率測定において，試料の初期状態は，相対湿度95％RH以上に平衡しているものとする．温度を一定に保ちながら，相対湿度が段階的に低下する一連の試験環境に連続的に曝露する．各環境での平衡が達成された段階で含水率を決定する．環境条件との平衡は，試料の測定質量が一定になることで達成される．考えている相対湿度領域内で，最低でも5種類の湿度における測定値を得ることが望ましい．各相対湿度での平衡含水率の測定結果を線で結んだものが平衡含水率曲線である．

　　　注1）放湿過程の平衡含水率測定に関して初期状態を規定しているのは，履歴等により生じる差異を避け，より良い再現性を保証するためである．

　　　注2）放湿過程の平衡含水率の初期状態を飽和状態とする場合，材料を水中に浸せきさせた状態を用いる場合もある．水中に浸せきさせた材料中の気泡を取り除きたい場合は，減圧デシケータ内に水中に浸せきさせた材料を入れて真空ポンプで減圧すればよい．

　　　注3）木質系材料の場合，相対湿度80％RH以上となると真菌類が発生する可能性がある．その場合の試験結果は無効とし，塩飽和水溶液中に殺菌剤を数滴加えて真菌類の発生を予防する．

（3）測定装置

　　1）デシケータ法

　　　a）密着した蓋のある質量測定用のカップ．

　　　b）1mg までひょう量できる電子天秤，または供試体質量の±0.01％の精度で測
　　　　定可能な電子天秤のいずれか精度の良い方.
　　　c）乾燥温度条件を±2K 以内で維持可能な乾燥器.
　　　d）相対湿度を±2％RH で維持可能なデシケータ，あるいは同等の装置.
　　　e）実験温度条件を±0.5K 以内で維持可能な恒温槽.
　　2）人工気候室法（チャンバー法）
　　　a）質量測定用カップ.
　　　b）供試体質量の±0.01％の精度で測定可能な電子天秤.
　　　c）乾燥温度条件を±2K 以内で維持可能な乾燥器.
　　　d）実験領域全体を相対湿度±5％RH，乾球温度±2K 以内で温・湿度条件を維持
　　　　可能な人工気候室.

（4）試料
　試料には製品を十分に代表するものを用いる.
　　1）試料の質量
　　　試料は少なくとも10g 以上とする.
　　　注4）雰囲気との平衡時間を最短にするために，試料を小片に切断，あるいは粉砕してもよい
　　　　　（粉砕した小片は材料固有の多孔性や毛細管構造を維持する程度の大きさであること）.
　　　　　これら全ての小片が一つの試料を構成する.

　　2）試料数
　　　試料は，同一材料より複数個用意する. 測定結果に製品としての材料特性や試料
　　加工法に起因する大きなばらつきが生じることが予想される場合には適宜，測定個
　　数を増やす.

（5）実験方法
　　1）デシケータ法
　　　デシケータを恒温庫内に設置することでデシケータ内の温度を一定に制御する.
　　その温度は23±5℃とする. デシケータ内の相対湿度は，塩飽和水溶液により一定
　　に保つ. 使用する塩類は表5.1に示すものを標準とし，No. 2，4，6の塩を必須と
　　して5点以上を選択する
　　　① 試料を質量測定用カップに置き，蓋をせず4.1「含水率」で指定した温度環境
　　　　下で乾燥器に入れて質量が一定になるまで乾燥させる. 24時間間隔で3回の継続
　　　　した質量測定値の変化が試料質量の0.1％未満になれば，質量は一定になったも
　　　　のと見なす.
　　　② 質量測定用カップに試料を入れて蓋を被せずにデシケータ内に置く. 蓋を雰囲
　　　　気に馴染ませるため，カップのそばに蓋も置く. 吸湿過程では，基準乾燥におい
　　　　て恒量が確認された直後に，試料を最も低い相対湿度のデシケータ内に測定を開
　　　　始する. 放湿過程では，試料を95％RH の雰囲気に平衡させた後^{注5）}，最も高い
　　　　相対湿度のデシケータ内に設置する.
　　　③ 試料が雰囲気と平衡するまで（質量が一定になるまで），定期的に試料の質量
　　　　を測定する. 試料の質量を測定する際には，デシケータの蓋を取ったあと，すみ
　　　　やかに質量測定用カップに蓋をし，それを電子天秤に載せる. 質量測定後は，

カップをデシケータに再び戻し，蓋を開けて側に置く．湿度を変化させて，この方法を繰り返す．

注5）95％RH 以上の相対湿度を作成する場合には，純水または補遺1.1に示す塩飽和水溶液を用いる．

表5.1　JIS A 1475で使用されている標準塩類

	塩類	相対湿度［％RH］
1	$ZnCl_2 \cdot xH_2O$	10
2	$MgCl_2 \cdot 6H_2O$	32.90 ± 0.17
3	$Mg(NO_3)_2 \cdot 6H_2O$	53.49 ± 0.22
4	NaCl	75.36 ± 0.13
5	KCl	84.65 ± 0.27

2）人工気候室法（チャンバー法）

人工気候室を用いて相対湿度と温度を制御する．相対湿度が20〜93％RH[注6]の間でデシケータ法の設定湿度に準じて5点以上の湿度を設定する．

注6）最低相対湿度が20％以下に設定できる人工気候室の場合，この限りではない．

① 試料を必要に応じて質量測定用カップに置き，4.1「含水率」で指定した温度環境下で乾燥器に入れて質量が一定になるまで乾燥させる．24時間間隔で3回の継続した質量測定値の変化が試料質量の0.1％未満になれば，質量は一定になったものと見なす．

② 試料を人工気候室内に置く．吸湿過程の測定の場合，測定開始時の人工気候室内の湿度は選択可能な最低値とし，放湿過程の測定の場合，95％RH 以上の雰囲気に平衡させた後[注7]，人工気候室を93％RH に設定し，恒量に達するまで測定する．

③ 人工気候室内で試料が雰囲気と平衡するまで（質量が一定になるまで），定期的に試料を質量測定する．湿度を変化させて，この方法を繰り返す．

注7）95％RH 以上の相対湿度を作成する場合には，純水あるいは補遺1.1に示す塩飽和水溶液を用いる．

(6)　結果の計算と表現

各試料に対して，質量基準質量含水率（u）は，4.1「含水率」に示した計算方法で計算する．

次に，吸湿過程，あるいは放湿過程の平衡含水率曲線を求めるため，各相対湿度で複数の試料について得られる平衡含水率の計算値を平均する．各相対湿度での平衡含水率が求められると，吸湿過程または放湿過程の曲線が描ける．

(7)　環境条件の制御

1）デシケータ法

質量測定用カップ内の相対湿度はデシケータ内で使用された塩飽和水溶液により制御される．恒温庫内の温度は，校正された装置で連続してモニターすることが望ましい．

2）人工気候室法（チャンバー法）

　　　　人工気候室内の試験領域における温度・相対湿度は，校正された装置で注意深くモニターすることが望ましい．
(8)　報告項目
　測定報告は，以下の項目を含むことが好ましい．
　1）参照規準
　2）実験者
　3）報告年月日
　4）製品の性質
　　・名称，工場，生産者または供給者
　　・製品の型式，製造番号
　　・梱包，実験室に搬入時の様子
　　・その他の情報．例えば材料厚さ，完全乾燥質量
　5）試料作成方法
　　・切り出した場所，切出し方
　　・異方性
　　・厚さ，密度
　6）測定手順および測定方法
　　・測定方法（デシケータ法または人工気候室法（チャンバー法））
　　・測定年月日と時間
　　・温湿度条件
　　・結果に影響を与える可能性がある要因
　7）結果
　　・平衡含水率の個々の測定値と与えられた温度での平均値
　　・平衡含水率曲線を示す図

(1)　広口瓶を用いた湿度コントロール

　一定相対湿度の環境を作成するために，デシケータの代用として広口瓶を用いる方法がある．測定装置の概要を図5.1に示す．ゴム栓に通したガラス管の中に試料を吊るし，上部に設置した天秤（床下秤量の可能なもの）によって試料の質量を測定する．

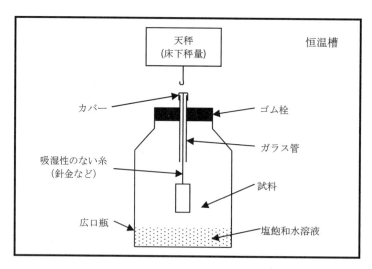

図5.1　広口瓶を用いた測定装置の概要

(2)　その他の平衡含水率測定法

　ガス吸着法（定容量法）により，100nm 以下の比較的小さい細孔に対応した相対湿度域における等温吸脱着線の測定を行う装置も一般的に使用されてきており，10〜20cm³程度の試験官に入る大きさの試料であれば，適用可能である．

(3)　試料の初期状態

　吸湿過程の平衡含水率曲線を測定するとき，試料の初期状態は絶乾状態とする．

　放湿過程の平衡含水率曲線を測定するとき，厳密には試料の初期条件は完全含水状態とすべきであるが，その状態を作り出すことは非常に難しいため，少なくとも相対湿度95％RH 以上で平衡した状態を初期状態とする．

(4)　デシケータ法で用いられる塩飽和水溶液

　ISO 12571において推奨されている塩飽和水溶液とその相対湿度を表5.2に示す．

表5.2　ISO 12571で推奨されている塩類

	塩類	相対湿度［％RH］
1	KOH	8.67 ± 0.78
2	$MgCl_2 \cdot 6H_2O$	32.90 ± 0.17
3	$Mg(NO_3)_2 \cdot 6H_2O$	53.49 ± 0.22
4	NaCl	75.36 ± 0.13
5	KCl	84.65 ± 0.27
6	KNO_3	94.00 ± 0.60

　平衡含水率の測定法に関するその他の情報については，補遺1において詳述する．

引用・参考文献

　1）JIS Z 8830：2013 ガス吸着による粉体（固体）の比表面積測定方法

2）JIS Z 8831-2：2010 粉体（固体）の細孔径分布及び細孔特性—第 2 部：ガス吸着によるメソ細孔及びマクロ細孔の測定方法

3）JIS Z 8831-3：2010 粉体（固体）の細孔径分布及び細孔特性—第 3 部：ガス吸着によるミクロ細孔の測定方法

4）ISO 9346 Thermal insulation - Mass transfer － Physical quantities and definitions, 1987

5）ISO 12571 Hygrothermal performance of building materials and products － Determination of hygroscopic sorption properties, 2003

6）ISO 12570 Hygrothermal performance of building materials and products － Determination of moisture content by drying at elevated temperature, 2000

7）小椋大輔，鉾井修一，清水孝範，野口浩：結露・蒸発過程における平衡含水率および水分伝導率の履歴の影響，日本建築学会環境系論文集，第74巻，第643号，pp.1065-1074，2009

8）JIS A 1475：2004 建築材料の平衡含水率測定方法

5.1.2　サクションカーブ

(1)　概要

　加圧板法[1]について示す．毛細管凝縮が生じる非常に高い相対湿度レベル[2]（≈98～100％RH[注1]）における吸引圧（サクション）を測定し，その時の含水率を別途測定することで，平衡含水率曲線に対応するサクションカーブを決定する．ここでの吸引圧の測定範囲は－50～－3000kPaとし，平衡は放湿によってのみ達せられる方法である．

　注1）参考文献1）では相対湿度95～100％に対応するとしている．

(2)　測定概要

　水で飽和させた試料をセラミック板の上に載せ，圧力容器内に静置する．圧力容器内を加圧することで，試料からセラミック板を通して排水する．いくつかのレベルで平衡に達した状態の圧力（吸引圧とする）と，その時の試料の含水率を記録し，サクションカーブ（高い相対湿度域での平衡含水率曲線）を作成する．

(3)　実験装置（図5.2参照）

　・圧力容器：ボルト締めによりＯリングガスケットで密着した重い上蓋付きの直径約305mm，高さ75mmまたは250mmの丈夫な鋼製容器．

　・圧力計（ゲージ）：測定中，圧力容器内の圧力を確認するために用いる．測定を行う最大の吸引圧に対応した範囲のものを選択する．

　・圧力調整器（レギュレータ）：ボンベやコンプレッサー等の加圧源から圧力容器内に導入する気体の圧力を調整する．

　・加圧源：シリンダーで圧縮された空気または窒素，または高圧空気コンプレッサー．測定範囲の最大圧力を達成するため，最大圧力より大きく加圧できるもの[4]（1500kPaまで加圧する場合は1700～2000kPa程度の能力を持つもの）

　・多孔質セラミック板：水だけが透過できる微細な空隙を持つ板で，その上に試料を置く．測定を行いたい最小の吸引圧に対応した空気侵入値（AEV）を持つものとする[4]．板の上面は調整された高圧気体に接し，下面は大気圧の空気と接するため，板の両面には大きな圧力差が生じる．

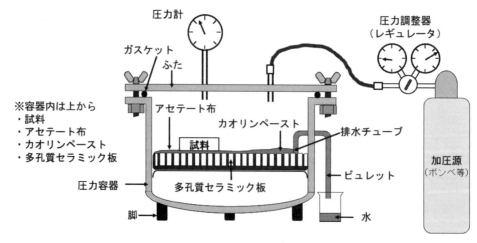

図5.2　実験装置の概要（文献[1]を参考に作成）

・カオリンペースト：板と試料の間の良い水圧的接触（hydraulic contact）を確保するために用いるカオリン（粘土鉱物）をペースト状にしたもの．作成方法は(5)参照．

・アセテート繊維の薄布：カオリンペーストが試料へ混入することを防ぐため，ペーストと試料の間に置く．

・ビュレット：セラミック板からの排水経路に接続し，平衡状態を確認するために用いる．

・天秤：1 mg 以内の質量を測定できるもの．測定精度は試料全質量の少なくとも±0.1％とする．

(4)　試料

　試料は約15cm²の面積を持ち，平衡に達する時間を低減するためできるだけ薄いもの（≈5 mm，試料の構造による）とする．各圧力条件下で最低5つの試料を準備する．

(5)　実験の準備

1）試料を4.1の手順に従って乾燥器で乾燥させる．

2）乾燥試料の寸法を4.4に準じて測定し，記録する．

3）真空飽和（3.用語参照）にする場合は，以下の手順に従う．

・真空チャンバー（真空ポンプに接続されている排気口を持つデシケータ）内に乾燥試料を置き，試料が水で飽和した際に確実に空気が残っていないようにするため，24時間以上脱気する．

・脱気する際はデシケータ内の圧力が－90～－95kPa（大気圧基準）程度となるような真空ポンプを選定する[5)6)]．

・真空ポンプで1～2時間蒸留水を脱気し，試料が入っている減圧されたデシケータ内に注水する．少なくとも3日間，気泡が全く見えなくなるまで真空状態に保つ．測定準備が整うまで，乾燥の度合いを最小限にするため試料は真空チャンバー内で完全に水につけておく．

4）毛細管飽和（3.用語参照）にする場合は，試料は一定の質量となるまで（室温に維持された）蒸留水に完全につけておく．

5）多孔質セラミックプレートを最低8時間は蒸留水に浸しておく．

6）試薬のカオリンパウダー（125g）と蒸留水（150g）を混合したカオリンペーストを，飽和したプレートの上に直接塗り付ける．

7）試料にペーストが詰まることを防ぐために，アセテートの布でペーストを覆う．

8）試料の表面にある余分な水を固くしぼった湿布で拭き取り，試料の質量を記録する．

9）試料をアセテート布の上に（気泡が入らないように）しっかりと固定する．

10）排水チューブがセラミック板に確実に接続されていることを確認し，容器の蓋を閉める．

(6)　実験方法

1）圧力容器の蓋や本体が冷えて，容器内部に結露が生じないよう，実験室の室温は，試験中23±1℃に保つ．

2）初期の圧力計の指示値を読み，必要に応じて調整する．

3）フレキシブルプラスチックチューブを介して排水チューブを水分の平衡の確認用にビュレットの開口につなぐ.

4）圧縮空気または気体を入れるため，空気調整バルブを開く．試料から水分を抽出するための所定の圧力になるまで圧力調整器（レギュレータ）を調節する．圧力を記録する.

5）表5.3に示す低圧側の吸引圧で最初に試料を含水率の平衡状態にし，連続的に所定の圧力レベルにしていく[注2]．ビュレット内の水の流出が48時間で0.05ml以下となったら平衡と見なす（材料によって，数日，数週間，数か月かかることがある）.

6）フレキシブルプラスチックチューブを外す．圧力容器内の圧力を下げ，ふたを開け試料を取り出し，ただちに質量測定を行う.

7）十分な蒸留水でカオリンペーストを再度湿らせる．試料をセラミック板上に戻し，実験者が決定した吸引圧範囲を網羅するまで3）からのステップを繰り返す．圧力の範囲に応じて，必要となる加圧板と圧力容器の組合せは異なる．圧力容器を変更する際，新しいペーストとともに新しい飽和セラミック板が用いられる．1.5×10^6 Pa以上の圧力では，セラミック板の代わりにセルロース膜を用いたより高圧に耐えられるシステムを用いる.

8）すべての圧力条件が終了したら，試料を恒量となるまで乾燥器で乾燥させる．乾燥質量を測定する.

注2）ヒステリシスの影響を避けるため，より低い圧力から所定の圧力に至るまでレギュレータを調節することが重要である．チャンバーの圧力を所定の圧力以上に上げてしまった後に所定の圧力まで下げることはしてはならない.

(7)　結果の計算と表現

1）各試料に対して，各吸引圧における質量基準質量含水率 u [kg/kg] を（5.1）式で計算する.

$$u = \frac{(m - m_0)}{m_0} \tag{5.1}$$

2）各吸引圧レベルにおける複数の試料の平均質量基準質量含水率 [kg/kg] を計算する.

3）平衡吸引圧（P_h）[Pa] は（5.2）式で平均相対湿度（RH）（ϕ）に変換される．または表5.3からRHを得る.

$$ln\phi = -\frac{M}{\rho_w RT}P_h \tag{5.2}$$

M：水のモル質量 [kg/mol]，R：理想気体定数 [Pa・m³/(mol・K)]，
T：熱力学温度 [K]，ρ_w：水の密度 [kg/m³]

表5.3　吸引圧の設定条件と対応する相対湿度（水分化学ポテンシャルは RH から計算）

吸引圧 [Pa]	相対湿度（RH) [%RH]	自由水基準の水分化学ポテンシャル @22℃（参考） [J/kg]
50000	99.96	－54.5
75000	99.94	－81.8
100000	99.93	－95.4
350000	99.74	－354.7
500000	99.63	－505.1
750000	99.45	－751.5
1000000	99.27	－998.3
1500000	99.90	－1507.1
3000000	97.81	－3017.2

（8）　報告項目

　測定報告は，以下の項目を含むことが好ましい．

1）参照規準

2）報告年月日

3）実験者

4）製品の性質

　　・名称，工場，生産者または供給者

　　・製品の型式，製造番号

　　・公称物理特性：例えば密度，厚さ等

5）測定手順及び測定方法

　　・結果に影響を与える可能性がある要因

　　・測定年月日と時間

　　・乾燥時の温度・相対湿度，乾燥手順

6）結果

　　・測定された圧力，平衡する相対湿度，含水率，温度の表

　　・平衡相対湿度 ϕ と平均含水率の図

引用・参考文献

1）ASTM C1699 － 09 Standard Test Method for Moisture Retention Curves of Porous Building Materials Using Pressure Plates, 2015

2）松本衛：新建築学体系10　環境物理　第3章　湿気，彰国社，1984

3）地盤工学会編：地盤材料試験の方法と解説，第3編7章　土の保水性試験，pp.162-173，2009

4）ISO 11274 Soil quality -- Determination of the water-retention characteristic -- Laboratory methods, 1998

5）ASTM C830-00 Standard Test Methods for Apparent Porosity, Liquid Absorption, Apparent Specific

Gravity, and Bulk Density of Refractory Shapes by Vacuum Pressure, 2016

6）ASTM C373-18 Standard Test Methods for Determination of Water Absorption and Associated Properties by Vacuum Method for Pressed Ceramic Tiles and Glass Tiles and Boil Method for Extruded Ceramic Tiles and Non-tile Fired Ceramic Whiteware Products, 2018

7）JIS A 1509-3：2014 セラミックタイル試験方法—第 3 部：吸水率，見掛け気孔率及びかさ密度の測定方法

5.1.3　比　　　熱

（1）　概要

　建築材料の比熱測定によく用いられる断熱型熱量計法および液体混合法（投下法）による測定方法を示したものである．なお，下記の測定方法は建築分野で扱う狭い温度範囲を想定している，例えば0〜1000℃のような広い温度範囲を考える場合，比熱は温度依存するので注意が必要である．

（2）　実験装置

　1）断熱型熱量計法

　　試料および試料加熱器が納まる熱量計，試料温度と熱量計温度を等温にさせる加熱装置および温度計から構成される．試験装置の概要を図5.3に示す．

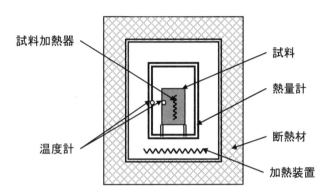

図5.3　断熱型熱量計法試験装置の概要

　2）液体混合法

　　試料加熱器，試料を投入する比熱既知の液体の入った熱量計および温度計から構成される．試験装置の概要を図5.4に示す．

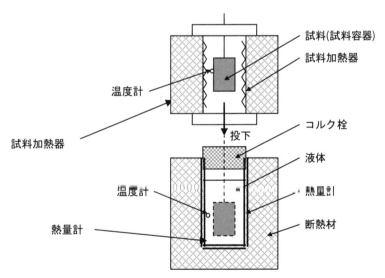

図5.4　液体混合法試験装置概要

　3）実験装置の詳細

　　a）試料加熱器：試料を一定温度で均一に加熱できるように，一定熱量で加熱できるものとする．

　　b）加熱装置：断熱型熱量計法の場合，試料の温度変化に対して，温度が追従できるものとする．

　　c）熱量計：熱の良導体でかつ極力熱容量の小さい材料で作られたもので，その周囲には断熱材を付けて外部に熱が逃げにくいようにする．また，内部の温度を均一にするため撹拌器を装着する．

　　d）温度計：±0.1K 以内の精度で測定できるものとする．

　　e）質量測定器：測定対象質量の0.1％以下の精度で測定できるものとする．

　　f）試料容器：液体混合法に用いる試料容器は，固体試料には金属製（銅，ステンレスなど）の網のかごとする．

(3)　試料

　断熱型熱量計法では，測定装置により角柱，円柱など比較的大きな試料での測定が可能である．

　液体混合法の試料は，熱的平衡時間を早めるために粒状（径 5 ～20mm 程度）とし，その量は熱量計内の液体の温度変化が 5 ℃以上となるようにする．また，加熱器から熱量計に試料を移行させる間に熱が若干周囲に失われるので，この差を少なくするために，加熱器および熱量計に支障のない限り試料の質量を大きくする．なお，液体混合法では，液体の比熱測定も可能である．

　いずれの方法とも試料は105℃で絶乾状態として試験に供するが，試料によっては含水率測定における乾燥温度とする．

(4)　実験方法

　1）断熱型熱量計法

　　試料加熱器により試料に一定熱量を与え，それに伴う試料温度変化を測定すると同時に，熱量計の温度が試料温度と等温となるように加熱装置で制御し，試料加熱器の発生熱量が全て試料の温度変化に費やされるように試料を断熱状態とする．次式により比熱を計算する．

$$c_s = \frac{Q}{m \cdot \Delta T} \tag{5.3}$$

　　c_s：試料の比熱 [J/(kg・K)]，Q：試料に与えた熱量 [kJ]，m：試料の質量 [kg]　ΔT：試料の温度変化 [K]

　　ただし，試料以外のものも同時に加熱に供される場合は，その熱量に相当する分だけ，Q を補正する．

　2）液体混合法

　　試料容器に試料を入れ，試料加熱器により一定温度（約90℃）に加熱する．その後加熱した試料容器を熱量計内に手早く投入し，熱量計内の液体の温度が安定するまで10～30秒間隔で液体の温度を測定し，次式により比熱を算出する．なお，熱量計内の液体の温度測定中は，撹拌器によりゆっくり液体を撹拌するか，試料容器をゆっくり上下させて熱量計内の液体の温度を均一にする．

$$c_s = \frac{(m_w + m_e) \cdot c_w \cdot \Delta T_2 - m_c \cdot c_c \cdot \Delta T_1}{m_s \cdot \Delta T_1} \tag{5.4}$$

c_s　：材料の比熱 [J/(kg・K)]，m_w：熱量計内の液体（蒸留水）の質量 [kg]

m_e　：熱量計の水当量[注)] [kg]，c_w：熱量計内の液体の比熱 [kJ/(kg・K)]

m_c　：試料容器の質量 [kg]，c_c：試料容器の比熱 [kJ/(kg・K)]

m_s　：試料の絶乾時の質量 [kg]，ΔT_1：試料および試料容器の温度変化 [K]

ΔT_2：熱量計内の液体の温度変化 [K]

　　注）熱量計の水当量は，熱量計の容器，撹拌器，温度計などの熱を吸収する部分の質量とその
　　　　比熱を掛け合わせて計算により算出するか，比熱既知の物質を試料として測定によって求
　　　　めておく必要がある.

(5)　測定精度

　断熱型熱量計法での精度は±５％以内と考えられるが，試料の断熱状態の精度向上によりもっと良い精度での測定も可能である. 液体混合法での精度は，±10％程度（ASTM）と考えられるが，熱量計の熱損失の補正，試料移行時の熱損失の減少，温度測定精度の向上などにより，より精度の高い測定も可能である. いずれの方法とも，比熱既知の物質により定期的に校正することが重要である.

(6)　報告項目

　測定報告は，以下の項目を含むことが好ましい

　1）参照規準

　2）報告年月日

　3）実験者

　4）製品の性質

　　・名称，工場，生産者または供給者

　　・製品の型式，製造番号

　　・試料および液体の質量

　　・液体の比熱

　5）測定手順および測定方法

　　・測定方法（断熱型熱計量法または液体混合法）

　　・測定年月日と時間

　　・結果に影響を与える可能性がある要因

　6）試験結果

　　・比熱

　　・温度，加熱時間

引用・参考文献

　1）熱物性資料集，日本熱物性研究会編，養賢堂，1983

　2）日本建築学会：建築材料実験用教材，1996

　3）熱分析実験技術入門　第３集，真空理工，科学技術社，1984

5.2 抵 抗 系
5.2.1 湿気伝導率

(1) 概要

　建築材料内の水分，主として水蒸気移動に関する係数の測定法である．測定値から直接得られる値は，試料物性値に試料境界空気層の伝達率の影響が含まれたものとなっている．ゆえに測定対象材料と測定条件に応じて，空気層の湿気伝達率（湿気伝達抵抗）の影響が無視できる場合は，測定値が湿気伝導率となる．空気層の湿気伝達抵抗が無視できない場合は，解析によりこの影響を処理する必要がある．

　規格化されている測定法には，カップ法と透湿試験箱法（ボックス法）の2種類がある．ここでは，JIS，ASTM，ISO共通規準であるカップ法について示す．

(2) 実験装置

　装置は，断面積の等しい試料の両側を一定の水蒸気圧差に保った状態で単位時間あたりの透過水蒸気量を測定できるように，図5.5に示すような透湿カップが用いられる．試料の性質に応じて，JIS，ISO，ASTMではいくつかの形状の透湿カップが提案されている．その他のカップの形状については，補遺2を参照のこと．

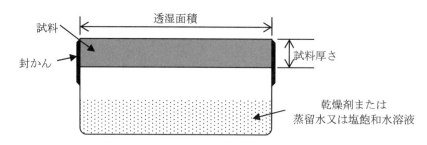

試料　透湿面積　試料厚さ
封かん
乾燥剤または蒸留水又は塩飽和水溶液

図5.5　透湿カップの概要

1）透湿カップ

　　試料の両側を一定の水蒸気圧差に保った状態で単位時間あたりの透過水蒸気質量を測定するための装置である．装置に取り付けられた試料の透湿面の一方が面する側を密閉できる構造とする．カップの材質は，水蒸気が不透過性のものであり，かつ試験条件において腐食などを生じないものとする．ガラス，腐食を生じない金属がこれに適している．また，操作中に変形しないよう十分な剛性を持つものであること，試料と透湿カップの接合部は完全に密封できるものとする．

　　密閉された容器内の水蒸気圧を一定に保つために，ウェットカップ法では蒸留水や塩飽和水溶液，ドライカップ法では吸湿剤が一般的に用いられる．

2）カバー

　　水分の変動を抑えるためにカバーの使用を必要とする場合，透湿カップの試験片面を完全に覆うことのできるもので，その材質はカップと同一のものであることが望ましい．

3）電子天秤

　　測定期間中の質量変化の1％以下まで測定できる精度を持つ電子天秤．

4）温湿度計および気圧計

恒温恒湿装置内の温湿度を測定するために適した温湿度計. 必要であれば, 装置内の気圧も測定する.

5）恒温恒湿装置

設定温度に対し±0.5℃以内, 設定相対湿度に対し±3％以内の精度を持ち, 槽内の風速は0.02m/s〜0.3m/s の範囲内とする[注1].

注1）透湿性の高い材料については, 後節(8)に示す方法に従い試料上面の湿気伝達抵抗の影響を除くため, 試料上面の風速が少なくとも2m/s 以上となるよう槽内の風速を変化させる.

吸湿材

6）封ろう材[注2]

水蒸気が不透過性の物であり, 試料およびカップから容易に剥離せず, 封かん操作が容易であるものを選択する. 試験期間中に物理的および化学的変化を生じないもの, また, 試料に対して物理的および化学的変化を及ぼさないものでなければならない.

注2）封ろう材の配合（質量比）の一例を示す.
・微結晶ワックス60％と微製結晶パラフィンワックス40％
・融点50〜52℃のパラフィンワックス80％と粘性ポリイロブチレン（重合度の低いもの）20％
・融点60〜75℃で油分1.5〜3％のワックス類の混合物

(3) 試料

試料は水蒸気が流れることで損傷を受けるものであってはならない. また, 通常使用される製品状態のまま用いる. 製品としての材料表面仕上げが水蒸気流に対する抵抗を有するものであっても, また, 表面仕上げが表裏で異なっていても, これを含んだ状態で試料とする. 材料が水蒸気流に対し異方性を有する場合は, 材料が通常使用される製品の状態で試料とし, かつ必要ならば, 異方性を有する材料の方向ごとに試料を作成する.

透湿面積は, 透湿面の直径が試料厚さの2倍以上, または0.005m^{2}以上とし, その透湿面積を明確に規定できるようなものとする. 試料寸法, 試料形状は, 製品としての材料特性を損なわない状態で決定する. 本測定法では試料透湿面での透過水蒸気質量を測定するため, 透湿面以外での水蒸気流の漏れが生じないような断湿（シール）を試料に施す. したがって, 試料内水蒸気流の一次元流れが十分な精度で保障される形状・寸法を選択することは重要である. 試料厚さは100mm 以下であるが, 適当な時間内で試料内水蒸気流の十分な一次元流れを保障できない恐れがある場合は, 材料の性状を損ねない範囲で適当な厚さに加工する. 試料の形状は円形が推奨されている.

試料個数は透湿面積0.02m^{2}以下ならば5個, それ以上であれば3個とする. 測定結果に製品としての材料特性や試料加工法に起因する大きなばらつきが生じることが予想される場合には適宜測定個数を増やす.

(4) 試料の厚さ

試験前に試料厚さの測定を行う. 精度は試料厚さの±0.5％以内とする. 硬い試料の場合, 試料の厚さはその円周に沿って等間隔で4か所の測定を行い, その平均値を試料

厚さとする．圧縮性があり柔らかい材料や，表面が一様でない材料の場合，厚さの測定方法を記録する．

(5) 試料の養生

　試料の養生は，温度23±5℃，相対湿度50±5％に平衡させる．1日3回の質量測定結果の差が，測定質量の平均値の5％以内となった場合を平衡状態とする．

(6) 試験条件

　推奨されている試験条件を表5.4に示す．

表5.4　ISOで推奨されている測定条件

試験条件 温度－相対湿度	温度 [℃]	精度			
		相対湿度［%RH］			
		低湿度側		高湿度側	
		設定湿度	精度	設定湿度	精度
A　23－0 /50	23±0.5	0	＋3	50	±3
B　23－0 /85	23±0.5	0	＋3	85	±3
C　23－50/93	23±0.5	50	±3	93	±3
D　38－0 /93	38±0.5	0	＋3	93	±3

1）ドライカップ法

　　カップ内に吸湿剤を設置し，透湿量を測定する方法である．吸湿剤の深さは15mm以上，それらと試料との間の距離は15±5mm以内とする．

2）ウェットカップ法

　　カップ内に蒸留水または塩飽和水溶液を設置し，透湿量を測定する方法である．蒸留水または塩飽和水溶液の深さは15mm以上，それらと試料との間の距離は15±5mm以内とする．

(7) 実験方法

　試料を取り付けた透湿カップを恒温恒湿槽内に設置し，試料から流入出する透過水蒸気質量を測定する．測定装置の一例を図5.5に示す．測定の前に，漏気量測定を行い，実験装置が測定に対し十分な精度を有しているか確認することが重要である．（漏気量は，水蒸気透過面を断湿した試料を取り付けた実験装置の質量変化を測定することで求められる．）さらに使用する塩，吸湿剤からの放湿性能および発熱が実験条件に大きく影響を及ぼさないことの確認は重要である．

　1）試料透湿面を両面マークする．

　2）カップ内に水蒸気圧が均一，一定となるよう塩飽和水溶液または吸湿剤等を投入する．

　3）試料をカップに取り付ける．

　4）試料吸湿面以外からの漏気を防ぐため，適宜シールする．

　5）測定条件が均一，安定した恒温恒湿槽にカップを設置する．

　6）適当な時間間隔で実験装置の質量を測定し記録する．透過水蒸気質量の変化が天秤の精度に見合う量となるよう測定間隔を取る．

7）試料を透過する水蒸気流量が十分な精度で一定（定常状態）となったことを確認
して測定を終了する．ISO 規準では，連続する5回の測定値の変化量が試料の平均
質量の5％以内で一定となった際に定常とみなす[注3]．

注3）下記の場合は，定常に達する前に測定終了とする．
　　　・ドライカップ法において，吸湿剤25mlあたり1.5g以上の質量変化が生じた場合．
　　　・ウェットカップ法において，塩飽和水溶液の質量が初期質量の半分以下となった場合．

8）測定結果を整理し，報告書を作成する．

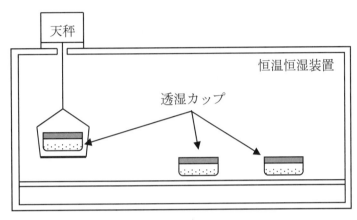

図5.6　湿気伝導率の測定装置の一例

(8)　結果の計算と表現

　各試料に対して，透湿係数，透湿率（湿気伝導率），透湿抵抗は，以下に示す式を用
いて計算する．

$$\delta_l = \frac{G}{A|P_1 - P_2|} \tag{5.5}$$

$$\delta_p = \delta_l \times d \tag{5.6}$$

$$Z_p = \frac{1}{\delta_l} \tag{5.7}$$

　　　δ_l：透湿係数 $[kg/(m^2 \cdot s \cdot Pa)]$，$G$：透湿量 $[kg/s]$，A：透湿面積 $[m^2]$
　　　P_1，P_2：試料両側の空気の水蒸気圧 $[Pa]$，
　　　δ_p：透湿率（湿気伝導率）$[kg/(m \cdot s \cdot Pa)]$，$d$：試料の厚さ $[m]$，
　　　Z_p：透湿抵抗 $[(m^2 \cdot s \cdot Pa)/kg]$

(9)　試料表面の湿気伝達抵抗と湿気伝導抵抗の評価

　測定結果に試料表面湿気伝達抵抗の影響がないことを確認する必要がある．ここでは
湿気伝達抵抗（湿気伝達率の逆数）の導出の方法を述べるとともに，湿気伝導率の測定
値の評価方法を示す．

　湿気伝達率の直接測定法は確立していない．ゆえに，湿気伝達率推測法として，対流
熱伝達率から相似則（Lewis 関係）を用いて導出する方法と，透湿量測定を応用した方
法[1]を述べる．

　空気に接する固体表面では，対流による温度境界層と相似な速度境界層が生じる．し
たがって，対流熱伝達率と相似な扱いにより，湿気伝達率を定義できる．

速度境界層を流れる水分流は，次式で定義される．

$$J_W = \alpha'_m(\rho_{v0} - \rho_{vi}) \tag{5.8}$$

　　J_w：水分流 $[\mathrm{kg/(m^2 \cdot s)}]$，$\alpha'_m$：湿気伝達率 $[\mathrm{kg/(m^2 \cdot s \cdot Pa)}]$，

　　p_{vo}：空気の水蒸気圧 $[\mathrm{Pa}]$，p_{vi}：固体表面の水蒸気圧 $[\mathrm{Pa}]$

相似な関係から，湿気伝達率と対流熱伝達率の関係は，次式となる

$$Le = \frac{\alpha_c}{\alpha'_m \cdot C \cdot \rho \cdot R_v \cdot T} \tag{5.9}$$

　　Le：Lewis 数［無次元数］，α_c：対流熱伝達率 $[\mathrm{W/(m^2 \cdot K)}]$，

　　C ：空気の定圧比熱 $[\mathrm{J/(kg \cdot K)}]$，$\rho$：空気密度 $[\mathrm{kg/m^3}]$，

　　R_v：水蒸気のガス常数（$=461.643$）$[\mathrm{Pa \cdot m^3/(kg \cdot K)}]$，$T$：空気の絶対温度 $[\mathrm{K}]$

無次元数 Le は，空気の流れ方で値は異なるが，1以下の値となる．固体表面での空気の流れが乱流であることを前提とすれば，$Le \fallingdotseq 1$ と近似でき，次式の関係となる．これを Lewis 関係と呼ぶ[6]．

$$\frac{\alpha_c}{\alpha'_m \cdot C \cdot \rho \cdot R_v \cdot T} = 1 \tag{5.10}$$

上式の適用条件については，実験的検討がなされている[7]．

対流熱伝達率の確かな値（測定値）がない場合に湿気伝達率を求めるには，ユルゲスの実験式[8]により，速度の関数として与えられる対流熱伝達率を参照するのも一つの方法である．

表5.5　対流熱伝達率（α_C）と風速（v）（ユルゲスの実験式）

風　　速	5 m/s 以下の場合	5 m/s を超える場合
滑り面	$\alpha_c = 5.6 + 3.9v$	$\alpha_c = 7.10v^{0.78}$
平坦面	$\alpha_c = 5.8 + 3.9v$	$\alpha_c = 7.12v^{0.78}$
粗　面	$\alpha_c = 6.2 + 4.2v$	$\alpha_c = 7.51v^{0.78}$

恒温恒湿槽（室）の空気に曝露される試料表面の湿気伝達率は，恒温恒湿槽（室）内空気速度に応じた対流熱伝達率から Lewis 関係を用いて換算する．恒温恒湿槽（室）内風速を十分大きくすれば，この空気層の湿気伝達抵抗が測定結果に及ぼす影響は十分小さい．槽内風速が0.1m/sの場合で，大きな湿気伝導抵抗（$1 \times 10^9 \mathrm{m^2 \cdot s \cdot Pa/kg}$ 程度）を有する試料に対し，空気層の湿気伝達抵抗はその約4％の値である．したがって，槽内風速がさらに大きな2m/s程度ならば，空気層の湿気伝達抵抗の値が測定結果に及ぼす影響は大略無視できる．

密閉容器側の試料表面にも空気層がある．試料と吸湿剤または塩飽和水溶液表面間の距離が15mm程度の場合，空気層の湿気伝導抵抗は材料の湿気伝導抵抗（$1 \times 10^9 \mathrm{m^2 \cdot s \cdot Pa/kg}$ 程度）の10％近い値となる．空気層の影響の検討と評価は重要である．

透湿係数が既知で（$4 \times 10^{-9} \mathrm{kg/(m^2 \cdot s \cdot Pa)}$ 以上），自立できる薄板状の試料（例えばケント紙等）を用いた測定結果から，装置内試料両表面の湿気伝達抵抗を推定する方法もある[1]．前節(7)に示す実験方法に従い，試料1枚での透湿量（G_I）を測定する．さらに同一境界条件で試料2枚を重ねた場合の透湿量（G_{II}）を測定する．これらの結

果から，以下のようにして試料両境界の湿気伝達抵抗を推定する．

$$Z_{PS1} + Z_{PS2} = \left\{ \frac{2|P_1 - P_2|_{\mathrm{I}}}{G_{\mathrm{I}}} - \frac{|P_1 - P_2|_{\mathrm{II}}}{G_{\mathrm{II}}} \right\} \times A \qquad (5.11)$$

G：透湿量 [kg/s], A：透湿面積 [m^2], P_1, P_2：試料両側の空気の水蒸気圧 [Pa]

Z_{PS1}, Z_{PS2}：試料両側表面の湿気伝達抵抗 [m$^2 \cdot$ s $\cdot$ Pa/kg]

⑽　報告項目

測定報告は，以下の項目を含むことが好ましい．

1 ）参照規準

2 ）報告年月日

3 ）実験者

4 ）製品の性質

・名称，工場，生産者または供給者

・製品の型式，製造番号

・梱包，実験室に搬入時の様子

・その他の情報．例えば，材料厚さ，完全乾燥質量

5 ）試料作成方法

・切り出した場所，切出し方

・異方性

・厚さ，密度

6 ）測定手順および測定方法

・測定方法

・測定年月日

・恒温恒湿槽内設定条件：設定温度，湿度（気密性の著しく高い恒温恒湿槽を使用する場合には槽内圧力

・試験環境：測定中の実験室の温度・湿度，気圧（気象台の測定結果で実測値に代えることも可）

・試料の養生方法

・試験方法の違いが結果に及ぼす影響の予測

・使用装置・器具名とその精度等

・結果に影響を与える可能性がある要因

7 ）結果

・平均値として整理された湿気伝導率，または水蒸気透過量，湿気伝導抵抗

・試料個々の湿気伝導率（経時変化，定常状態確認等）

引用・参考文献

1 ）JIS A 1324：1995 建築材料の透湿試験方法

2 ）JIS Z 0208：1996 防湿包装材料の透湿度試験方法（カップ法）

3 ）ASTM Designation: E96-95 Standard test methods for water vapor transmission of materials, 1995

4 ）ISO 12572 Hygrothermal performance of building materials and products–Determination of water vapor

transmission properties-, 2001

5 ）松本衛：新建築学体系10　環境物理，pp.126-127，彰国社，1984

6 ）空気調和衛生工学便覧　1 基礎編，pp.165-166，空気調和・衛生工学会，2001

7 ）水谷章夫，大滝泰，土川忠浩，大澤徹夫，宮野秋彦：濡れ表面での湿気および対流熱伝達特性とルイスの関係，日本建築学会環境工学委員会　熱環境小委員会　第31回熱シンポジウム，pp.3-8，2001

8 ）Ing. Walter Jürges: Der Wärmeübergang an einer ebenen Wand, Druck und Verlag von R. Oldenbourg, 1924

5.2.2　水分拡散係数

5.2.2.1　含水率勾配水分拡散係数

(1)　概要

　建築材料内を含水率の勾配により流れる水分量に関する係数の測定法について示したものである．この係数の測定に関して，JIS，ISO，ASTM で対応する基準は今のところ存在しない．

(2)　定義

　含水率勾配による水分の移動に関する移動係数は，以下の式で表される．

$$J_w = -D_\psi \frac{\partial \psi}{\partial x} \tag{5.12}$$

　　ψ：容積基準容積含水率．乾燥材料の単位容積あたりの水分容積 $[m^3/m^3]$

　　J_w：水分流．材料のある断面の単位面積あたりに単位時間に流れる水分質量 $[kg/(m^2 \cdot s)]$

　　D_ψ：含水率勾配水分拡散係数．含水率勾配に対する水分拡散係数 $[kg/(m \cdot s)]$

(3)　実験装置

　1）測定装置

　　測定装置の一例を写真5.1および図5.7に示す．測定装置は，大きく分けて，水槽部，試料取付け部，漏斗，ビュレットに分かれる．試料の水平方向に一次元的な水分移動が起こるように，片面を水槽にフィルター越しに接しさせ，もう片面を大気に開放し，水分流量をビュレットで測れるようにしたものである．水槽への水分の補給は水槽上の漏斗から行う．水槽側のポテンシャルは，ビュレットの高さを調節することで設定される．

　2）ビュレット

　　1日程度の水分流量の変化が読み取れるように目盛りの分解能を考える．目安として0.1ml 程度の分解能が必要である．

　3）ポテンシャル差

　　試料内部の含水率を制御する目的で，ポテンシャル差を調節する．ポテンシャル差が大きいほど，含水率は低くなる．

　4）試料周辺温湿度

　　測定装置を恒温恒湿室に入れ，温湿度を一定に保つ．

　　試料周辺相対湿度制御精度：±2％RH

　　試料周辺温度制御精度：±1K

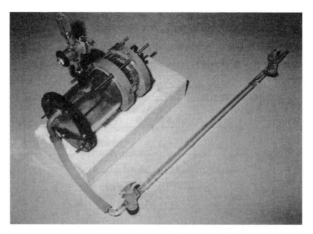

写真5.1　水分拡散係数測定装置[6]

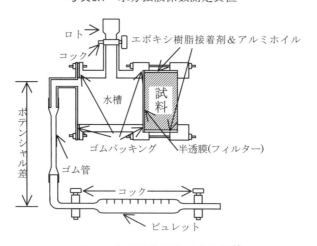

図5.7　水分拡散係数測定装置[6]

(4) 試料の作成

　1）試料切出し位置

　　　試料は均質一様な部分から取り出すように注意する．例えば，試料表層を含まないようにする．

　2）寸法

　　　水分が流れる面の断面積は水分流量を精度良く測定できるようにある程度の大きさが必要である．ただし，大きすぎると水平方向のみの一次元水分流が確保されず，試料の鉛直方向の含水率分布が生じる場合があるので注意が必要である．試料の厚みは，水分流量が精度良く測定できるように厚すぎないようにし，含水率分布測定時に試料切断が可能となるように薄すぎないようにする．目安として円柱の場合，直径70mm程度，角柱の場合，1辺70mm程度までとし，厚さは両者ともに30〜50mm程度とする．

(5) 実験方法

　1）あらかじめ乾燥あるいは湿潤させた試料を測定装置に取り付け，温度・湿度が一定に制御された空間（恒温恒湿室等）に測定装置を設置し，水分流量が一定となる定常状態に達するまで測定を続ける．

　2）定常状態に達したら，試料を6〜10mmぐらいを目途にして切断し，含水率を測

定する.

(6)　結果の計算

　定常状態の水分流量 J_w [kg/m^2・s] と各切片中心間距離 Δx [m] と容積基準含水率差 $\Delta \psi$ [m^3/m^3] から，水分拡散係数 D_ψ [kg/m・s] を以下の式を用いて計算する.

$$D_\psi = -J_w \frac{\Delta x}{\Delta \psi} \qquad (5.13)$$

　求められた水分拡散係数は，含水率差の計算の際に用いた含水率の平均値における値とする.

(7)　報告項目

　測定報告は，以下の項目を含むことが望ましい.

　1）報告年月日

　2）実験者

　3）製品の性質

　　・名称，工場，生産者または供給者

　　・製品の型式，製造番号

　　・実験室に搬入時の様子

　4）試料作成方法

　　・切り出した場所，切出し方

　　・異方性

　　・寸法，乾燥密度

　5）試験条件および測定方法

　　・恒温恒湿室内の設定温・湿度

　　・試料養生

　　・試料の初期の含水量および平均含水率

　　・ポテンシャル差

　　・定常状態の確認の仕方

　　・結果に影響を与える可能性がある要因

　6）結果

　　・含水率分布

　　・水分流量

　　・水分拡散係数

　この測定法の詳細については，補遺3において詳述する．なお，この測定法は定常状態を形成して測定を行う方法であるが，非定常法も提案されており，これについても補遺3で述べる.

引用・参考文献

1）鉾井修一，堀江悟郎，池田哲朗：多孔質材料の水分拡散係数，日本建築学会近畿支部研究報告集，pp.121-124，1976.6

2）鉾井修一，堀江悟郎，池田哲朗：多孔質材料の水分拡散係数について，日本建築学会近畿支部研究報告集，pp.73-76，1977.5

3）松本衛，朴載春，広川健志：気泡コンクリート板の結露過程と熱水分同時移動方程式による解析　その3　水分拡散係数の測定およびそれを用いた結露過程の解析，日本建築学会近畿支部研究報告集，pp.81-84，1978.5

4）松本衛，鉾井修一，堀口忠：多孔質材料における水分拡散係数の測定に関する研究，日本建築学会近畿支部研究報告集，pp.121-124，1982.6

5）松本衛，鉾井修一，青木秀樹：建築多孔質材料の水分拡散係数の測定とそのヒステレシスの含水率・温度への影響に関する検討，日本建築学会大会学術講演梗概集，pp.701-702，1983.9

6）木村建一：建築環境学2　第12章　熱水分同時移動，pp.109-149，丸善，1993

5.2.2.2　温度勾配水分拡散係数

(1)　概要

　建築材料内を温度の勾配により流れる水分量に関する係数の測定法について示したものである．この測定法で得られる係数は温度勾配係数であり，温度の勾配で流れる水分量に関する係数の決定には，同一材料について別途測定された含水率勾配に関する水分拡散係数の測定値を必要とする．この係数の測定に関して，JIS，ISO，ASTM で対応する基準は今のところ存在しない．

(2)　定義

　1）温度勾配水分拡散係数

　　温度勾配による水分の移動に関する移動係数は，以下の式で表される．

$$J_w = -D_T \frac{\partial T}{\partial x} \tag{5.14}$$

　　J_w：水分流．材料のある断面の単位面積あたりに，単位時間に流れる水分質量 [kg/(m^2・s)]

　　D_T：温度勾配水分拡散係数：材料のある断面の水分流の温度勾配に対する比例係数 [kg/(m・s・K)]

　　T：絶対温度 [K]

　2）温度勾配係数

　　試料の周囲を断湿し，両端に温度勾配をつけた場合の定常状態における試料内の含水率勾配と温度勾配の比を温度勾配係数と呼び，これと別途測定されている含水率勾配水分拡散係数を用いて，温度勾配水分拡散係数が得られる．含水率勾配と温度勾配が存在するときの水分流は，以下の式で与えられる．

$$J_w = -D_\psi \frac{\partial \psi}{\partial x} - D_T \frac{\partial T}{\partial x} \tag{5.15}$$

　　定常状態においては，含水率勾配による水分移動と温度勾配による水分移動が平衡し，見かけ上の水分移動は0となる（$J_w=0$）．このとき，

$$\varepsilon = \frac{D_T}{D_\psi} = -\frac{\partial \psi/\partial x}{\partial T/\partial x} \tag{5.16}$$

　　ε：温度勾配係数．温度勾配水分拡散係数を水分拡散係数で除した係数 [1/K] となる．

　　上式より，温度勾配係数 ε と含水率勾配水分拡散係数 D_ψ から，温度勾配水分拡散係数 D_T が得られる．

(3)　実験装置

　1）測定装置

　　測定装置の概要を写真5.2および図5.8に示す．全面を断湿した試料の両端以外を断熱して，2枚の銅板で挟む．銅板はパネルヒーターで加熱され，一定の温度が保たれるように制御されている．

　　恒温室の温度制御精度：±1K

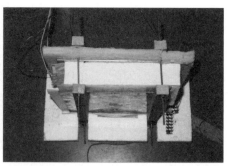

写真5.2　温度勾配水分拡散係数測定装置[3)]

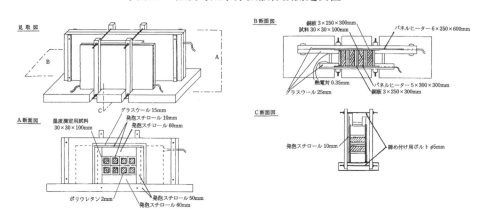

図5.8　温度勾配水分拡散係数測定装置[3)]

（4）試料の作成

　1）試料切出し位置

　　試料は均質一様な部分から取り出すように注意する．例えば，試料表層を含まないようにする．

　2）寸法

　　水分が流れる面の断面積は，水分流量を精度良く測定できるようにある程度の大きさが必要である．ただし，大きすぎると水平方向のみの一次元水分流が確保されず，試料の鉛直方向の含水率分布が生じる場合があるので，注意が必要である．試料の厚みは，水分流量が精度良く測定できるように厚すぎないようにし，含水率分布測定時に試料切断が可能となるように薄すぎないようにする．目安として円柱の場合，直径70mm 程度，角柱の場合，1辺70mm 程度までとし，厚さは両者ともに30～50mm 程度とする．

　3）試料個数

　　含水率分布が平衡状態に達しているかどうかを確認するため，数個用意する．

（5）実験方法

　1）数個の試料を測定したい含水率まで吸水させる．

　2）試料内の含水率を一様にするために，デシケータ内に長時間放置する．なお，試料の周囲を断湿し水分が抜けないようにしておく．

　3）試料の周囲全面を断湿し，温度測定のため側面より数か所の穴をあけ，熱電対を埋め込む．

　4）両端を除いて断熱し，測定装置内に装着し，温度差をつける．

5）内部の温度測定を行い，数日間ごとに試料を1個取り出し，試料各部の含水率の測定を行う．

6）試料各部の温度，含水率の測定結果から平衡状態に達したことを判断し，測定を終了する．

(6) 結果の計算

1）温度勾配係数の計算

定常状態における，各切片中心間距離 Δx [m]，温度差 ΔT [K]，容積基準含水率差 $\Delta \psi$ [m³/m³] を用いて，温度勾配係数 ε [1/K] は，以下の式から求められる．

$$\varepsilon = -\frac{\Delta \psi / \Delta x}{\Delta T / \Delta x} \tag{5.17}$$

求められた温度勾配係数は，温度差の計算に用いた温度の平均値と，含水率差の計算に用いた含水率の平均値における値とする．

2）温度勾配水分拡散係数の計算

この材料について別途測定されている含水率勾配水分拡散係数 D_ψ と温度勾配係数 ε を用いて，温度勾配水分拡散係数は，以下の式から求められる[注]．

注) D_ψ, ε は測定値に対する近似関数をそれぞれ用いる．

$$D_T = \varepsilon D_\psi \tag{5.18}$$

(7) 報告項目

1）報告年月日

2）実験者

3）製品の性質
   ・名称，工場，生産者または供給者
   ・製品の型式，製造番号
   ・実験室に搬入時の様子

4）試料作成方法
   ・切り出した場所，切出し方
   ・異方性
   ・寸法，乾燥密度

5）試験条件および測定方法
   ・恒温恒湿室内の設定温・湿度
   ・試料両端の設定温度
   ・試料養生
   ・試験前の試料含水量および平均含水率
   ・定常状態の確認の仕方
   ・結果に影響を与える可能性がある要因

6）結果
   ・含水率分布
   ・温度分布
   ・温度勾配係数

> 　　温度勾配係数しか求められない場合は以上を報告し，温度勾配水分拡散係数まで求められる場合は，以下も併せて報告する．
> ・温度勾配係数の近似関数
> ・用いる含水率勾配水分拡散係数とその近似関数および出典
> ・温度勾配水分拡散係数

　この測定法の詳細については，補遺3において述べる．

引用・参考文献

1）松本衛，鳥越秀明，小島嘉寿夫：軽量気泡コンクリートにおける水分伝導率の測定，日本建築学会近畿支部研究報告集，pp.113-116，1976.6

2）松本衛，鳥越秀明：ALC板における水分伝導率および温度勾配による水分伝導率の測定（中含水率の場合），日本建築学会近畿支部研究報告集，pp.81-84，1977.5

3）木村建一：建築環境学2　第12章　熱水分同時移動，pp.109-149，丸善，1993

5.2.3　熱 伝 導 率

(1)　概要

　建築材料の代表的な熱伝導率の測定方法には，定常法では保護熱板法（GHP法）および熱流計法（HFM法），非定常法では熱線法がある．ここでは，この三法により熱伝導率を測定する方法を示す．保護熱板法および熱流計法は，材料中に温度差を設けた際の熱移動量から熱伝導率を決定する方法である．また，熱線法は，材料中を加熱したときの温度上昇量から熱伝導率を決定する方法である．熱伝導率は温度依存や含水率依存があるため，測定前に試料を適切な温湿度で養生することが望ましいが，測定中の温度差により材料中に含まれる水分が移動するため，水分移動による潜熱の移動や，材料中の非一様な含水率分布が測定値に影響を及ぼす場合がある．熱・水分同時移動の観点から，材料中の水分が熱伝導率に及ぼす影響の評価法の提案や測定が行われている[13),14),15)]．

(2)　実験装置

　1）保護熱板法（GHP法）

　　　試料2枚方式と1枚方式がある．主熱板および保護熱板から成る加熱板，冷却熱板および主熱板からの発生熱量を試料の一次元熱流として制御するための示差熱電対，各部の温度測定用熱電対から構成される．試料2枚方式の試験装置の概要を図5.9に示す．

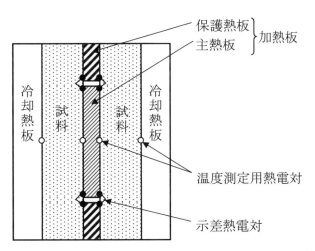

図5.9　保護熱板法試験装置概要（試料2枚方式）

　2）熱流計法（HFM法）

　　　試料2枚方式と1枚方式がある．また，それぞれに熱流計が1枚と2枚の場合があり，加熱板，冷却熱板，熱流計および各部の温度測定用熱電対から構成される．なお，熱流計の代わりに熱伝導率既知の標準板を用いて測定する平板比較法は，原理的には同じものである．試料1枚，熱流計2枚方式の試験装置の概要を図5.10に示す．

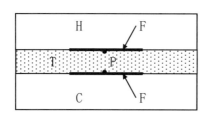

H：加熱板

C：冷却熱板

T：試料

F：熱流計

P：温度測定用熱電対

図5.10 熱流計法試験装置概要（試料1枚，熱流計2枚方式）

３）熱線法

　　中央部に熱電対を溶接した熱線，電流計，可変定電流発生器から構成される．試験装置の概要を図5.11に示す．

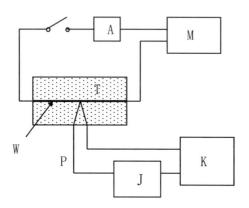

T：試料

A：電流計

M：可変定電流発生器

P：熱電対

J：熱起電力消去電力発生器

K：熱起電力記録計

W：熱線

図5.11 熱線法試験装置概要

（3）試料

　保護熱板法および熱流計法の試料は，測定装置により平板状の方形か円形であり，寸法は一辺または直径が200〜900mm程度のものが多く，測定できる試料の厚さは試料寸法の1/5〜1/6程度までとする．特に試料の厚みの均一性，平滑度の程度が試験結果に大きく影響するので注意が必要である．

　熱線法の試料は，40mm×80mm×114mm以上のれんが大程度の大きさとするが，熱線の発熱に対して無限固体であるということが成り立つことが必要であり，また，試料中に熱線を挟み込むので隙間が生じないようにすることも重要である．また，繊維系材料のような熱伝導に対して異方性を持つ材料は適さない．なお，熱線法は短時間で測定できるため，含湿した試料や高温での測定，または流体の測定にも応用できる．

（4）実験方法

　１）保護熱板法（GHP法，試料2枚方式）

　　　試料を加熱板と冷却熱板の間に挟み込み，主熱板の供給熱量が全て試料に流れるように，周囲の示差熱電対の出力が0となるように保護熱板出力を制御し，供給熱量および試料両面の温度が定常となるまで一定時間間隔で測定する．試料両面の温度差は10〜20Kとする．なお，試料の周囲空気温度は測定精度に影響するため，試料平均温度と一致するように制御する．

　２）熱流計法（HFM法）

　　　試料を加熱板と冷却板の間に挟み込み，熱流計の出力および試料両面の温度を温

度差（10〜20K）が定常となるまで一定時間間隔で測定する．なお，試料の周囲空気温度は，測定精度に影響するため，試料平均温度と一致するように制御する．

　3）熱線法

　　　試料中心部に熱電対が溶接された熱線を挟み込み，熱線に一定電流を流し，電流を流し始めてからの熱線の温度上昇（熱起電力）を記録する．なお，得られた熱線の温度上昇が経過時間に対して対数関係にあることが重要である．一般には数分から10分間程度の測定時間とする．

(5)　結果の計算と表現

　1）保護熱板法（GHP法，試料2枚方式）

　　　計算式を次式に示す．

$$\lambda = \frac{\Phi d}{2A \cdot \Delta T} \tag{5.19}$$

　　　λ：試料の熱伝導率 [W/(m・K)]，Φ：主熱板に供給される電力 [W]

　　　d：試料の厚さ [m]，A：伝熱面積 [m^2]，ΔT：試料表面温度差 [K]

　2）熱流計法（HFM法）

　　　計算式を次式に示す．

$$\lambda = f \cdot e \frac{d}{\Delta T} \tag{5.20}$$

　　　λ：試料の熱伝導率 [W/(m・K)]，f：熱流計の感度係数 [W/(mV・m^2)]

　　　e：熱流計の出力 [mV]，d：試料の厚さ [m]，ΔT：試料表面温度差 [K]

　3）熱線法

　　　計算式を次式に示す．

$$\lambda = \frac{I^2 \cdot R}{4\pi} \cdot \frac{\ln\left(\dfrac{t_2}{t_1}\right)}{\theta_2 - \theta_1} \tag{5.21}$$

　　　λ：試料の熱伝導率 [W/(m・K)]，I：熱線に流した電流 [A]，

　　　R：熱線の電気抵抗 [Ω]，t_1, t_2：熱線に通電後の時間 [min]，

　　　θ_1, θ_2：t_1, t_2における熱線の温度 [℃]

(6)　測定精度

　測定精度は一般に保護熱板法（GHP法）で±2％程度，熱流計法（HFM法）で±3〜5％程度，熱線法で＋10％程度である．特に，熱流計法では熱伝導率既知の標準板により定期的に熱流計の感度係数を補正することが重要であるとともに，保護熱板法および熱線法でも標準板により測定精度を確認することが重要である．また，硬質の試料では加熱および冷却熱板，あるいは熱線との接触箇所で隙間が生じて接触抵抗が大きくなって測定精度に大きく影響するので，隙間が生じないように，シリコングリースなどを塗布して熱的接触を良くする工夫が必要である．

(7)　報告項目

　保護熱板法および熱流計法を例に，測定の報告項目を示す．

1）参照規準
2）測定年月日
3）実験者
4）試料の性質
　・材料の名称，種類
　・試料の厚さ
5）試験条件および測定方法
　・養生方法および温度
　・試験方法および試験装置の形式
　・熱流の向き
　・養生後の試料密度
　・乾燥中および養生中の相対質量変化
　・試験中の厚さの変化
6）結果
　・試料温度差
　・試料平均温度
　・試料を通過する熱流密度
　・試料の熱抵抗，熱伝導率

周期法による熱伝導率の測定法については，補遺4で詳述する．

引用・参考文献

1）JIS A 1412-1：2016 熱絶縁材の熱抵抗及び熱伝導率の測定方法—第1部：保護熱板法（GHP法）

2）JIS A 1412-2：1999 熱絶縁材の熱抵抗及び熱伝導率の測定方法—第2部：熱流計法（HFM法）

3）JIS A 1412-3：1999 熱絶縁材の熱抵抗及び熱伝導率の測定方法—第3部：円筒法

4）JIS R 2616：2001耐火断熱れんがの熱伝導率の試験方法

5）JIS R 2251-1：2007 耐火物の熱伝導率の試験方法—第1部：熱線法（直交法）

6）JIS R 2251-2：2007 耐火物の熱伝導率の試験方法—第2部：熱線法（平行法）

7）ISO 8302 Thermal insulation－Determination of steady-state thermal resistance and related properties－Guarded hot plate apparatus, 1991

8）ISO 8301 Thermal insulation－Determination of steady-state thermal resistance and related properties－Heat flow meter apparatus, 1991

9）ISO 8497 Thermal insulation－Determination of steady-state thermal transmission properties of thermal insulation for circular pipes, 1994

10）ISO 8894-1 Refractory materials -- Determination of thermal conductivity -- Part 1：Hot-wire methods (cross-array and resistance thermometer), 2010

11）ASTM C177 Standard Test Method for Steady-State Heat Flux Measurements and Thermal Transmission Properties by Means of the Guarded-Hot-Plate Apparatus, 2019

12）ASTM C518 Standard Test Method for Steady-State Heat Flux Measurements and Thermal Transmission Properties by Means of the Heat Flow Meter Apparatus, 2017

13）熱物性資料集，日本熱物性研究会編，養賢堂，1983

14）日本建築学会：建築材料実験用教材，1996

15）松本衛，鉾井修一，山本雅洋：定常法による湿潤壁体の熱伝導率測定について，日本建築学会近畿支部研究報告集，pp.161-164，1984.6

16）鉾井修一，池田哲朗，堀江悟郎：多孔質建築材料の湿潤時熱伝導率について，日本建築学会計画系論文報告集，第354号，pp.11-21，1985.8

17）ISO 16957 Measurement of apparent thermal conductivity of wet porous building materials by a periodic method，2016

付録　湿気物性値の測定例
【参考1】湿気伝導率の文献値との比較

最新データによる湿気伝導率の値を，従来使用されている文献値と比較する．

付表1　最新データによる湿気伝導率（文献値との比較）

	湿気伝導率　kg/(m・s・Pa)×10^{-9}			
	平均値	標準偏差	従来の文献値	
			最小	最大
コンクリート	0.0046	0.0033	0.0029	0.0046
コンクリート（材齢5年）	0.0119*	0.0177	－	
発泡軽量コンクリート	0.0323*	0.0119	0.0135	0.0729
セメント・モルタル	0.0177*	0.0240	0.0017	0.0104
石膏ボード	0.0296	0.0104	0.0054	0.0271
松	0.0229*	0.0358	－	
スプルース	0.0410*	0.0388	－	
合板	0.0046*	0.0050	0.0021	0.0031
木質繊維板	0.0321	0.0175	0.0333	0.0417
パーティクルボード	0.0090	0.0048	0.0021	0.0033
セルロース断熱材	0.1244	0.0192	－	
グラスウール	0.1292	0.0146	－	
ロックウール	0.1354	0.0988	0.1292	0.1646
ウレタンフォーム	0.0048	0.0031	0.0035	0.0104
EPS	0.0100	0.0017	0.0027	0.0052
XPS	0.0013	0.0002	－	

＊標準偏差が平均値と同程度以上になっており，極めてばらつきが大きいことを示す．

概ね従来データと同程度，若干大きめの値となっている．
ただし，合板については，次の【参考2】を参照のこと．

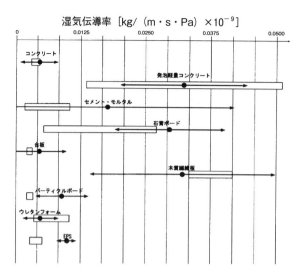

付図1 湿気伝導率の分布（文献値との比較）

黒丸が今回整理した平均値，矢印は標準偏差，白い四角は従来からの文献値の存在範囲を示す．

【参考2】合板の湿気伝導率の湿度依存性について

　合板の湿気伝導率に関して報告されているカップ法による実測値は，試料両側の相対湿度の影響を大きく受けているように見える.

　付図2のように，横軸を試料両側の相対湿度の平均値，縦軸を湿気伝導率とすると，この傾向は明確に現れる.

付表2　合板の湿気伝導率

出自		密度 kg/m^3	RH %	湿気伝導率 kg/(m・s・Pa)×10^{-9}
[1]		600	54	0.00190
		600	86	0.00790
[2]		550	25	0.00015
[3]		512	25	0.00027
		512	40	0.00058
		512	75	0.00500
		512	85	0.00979
[4]		−	30	0.00054
			70	0.00190
			80	0.00448
			80	0.00652
[5]		−	20	0.00110
			40	0.00085
			60	0.00140
			80	0.00479
			90	0.01100
			95	0.01900
国内公的試験機関	構造用合板	653	25	0.00050
	構造用合板	500	25	0.00081
	自称OSB	473	25	0.00113
	自称OSB	644	25	0.00098
	針葉樹合板	611	25	0.00056
	型枠合板	620	25	0.00238
	OSB合板	696	25	0.00033
	OSB合板	649	25	0.00046

付表2の出自

[1] Catalogue of Material properties (upgraded version), Report Annex XIV, Page 2.18
[2] Institute for Research in Construction, NRC Canada, data
[3] Institute for Research Construction data from an IEA common exercise, density of the specimen

$= 511.5 \, \mathrm{kgm}^{-3}$

［4］ Galbraith G.H., et al. Vapor permeability testing, Final report to the Building research Establishment; Contract F3/2/490, Strathclyde University, June 1993

［5］ Calculated using the equation reported by Burch et al. ASHRAE Trans. 1992, V.98, Pt.2

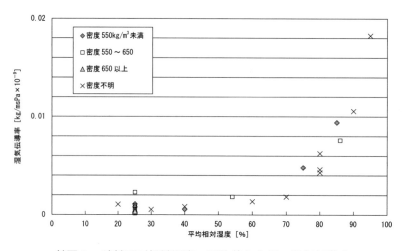

付図2　試料両面相対湿度の平均値と合板の湿気伝導率

【参考3】平衡含水率データ

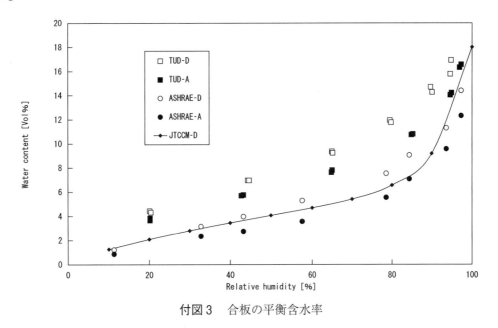

付図3　合板の平衡含水率

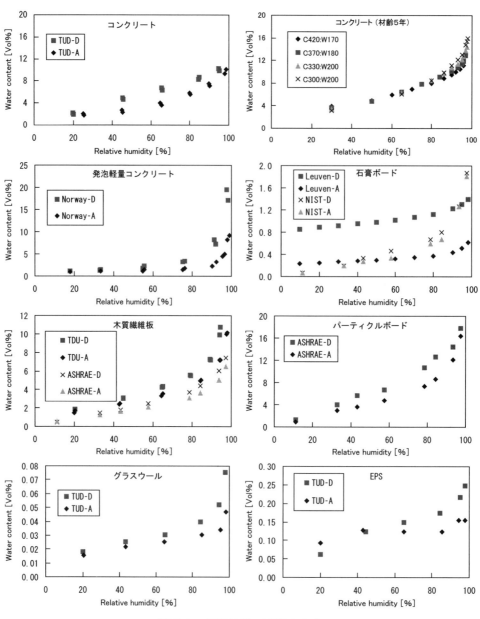

付図4　各種材料の平衡含水率

【参考4】 各種材料の平衡含水率曲線と関数近似

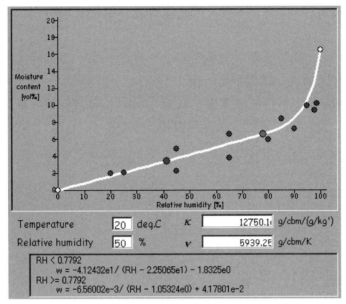

付図5　コンクリートの平衡含水率曲線と関数近似

$$\psi\left[m^3/m^3\right]=\frac{A}{Rh\left[Pa/Pa\right]+B}+C$$

付表3　平衡含水率曲線の近似関数の係数値

材料	範囲 Rh [Pa/Pa]	A	B	C	κ [g/(m³(g/kg'))]	ν [g/(m³K)]
コンクリート 2000〜2400kg/m³	Rh＜0.7792	− 4.12432e1	− 2.25065e1	− 1.8325e0	12750	5939
	Rh＞= 0.7792	− 6.56002e − 3	− 1.05324e0	4.17801e − 2		
ALC 500〜600kg/m³	Rh＜0.5391	− 3.78061e − 2	8.44454e − 1	4.47698e − 2	712	332
	Rh＞= 0.5391	− 4.47986e − 3	− 1.01534e0	8.03786e − 3		
セメントモルタル 2000〜2200kg/m³	Rh＜0.6973	− 5.31699e − 1	2.34146e0	2.2708e − 1	8963	4175
	Rh＞= 0.6973	− 6.00608e − 3	− 1.02026e0	3.35107e − 2		
石膏ボード 500〜800kg/m³	Rh＜0.7368	− 1.78242e − 3	2.10278e − 1	8.47648e − 3	168	78
	Rh＞= 0.7368	− 1.39902e − 4	− 1.00219e0	6.0673e − 3		
合板 400〜700kg/m³	Rh＜0.669	− 1.03289e0	2.91545e0	3.5428e − 1	3615	1684
	Rh＞= 0.669	− 1.227744e − 2	− 1.05979e0	3.47136e − 2		
木質繊維板 300〜400kg/m³	Rh＜0.6577	− 2.89407e − 1	2.02404e0	1.42985e − 1	927	432
	Rh＞= 0.6577	− 5.75582e − 3	− 1.03594e0	1.98498e − 2		
パーティクルボード 600〜800kg/m³	Rh ＜0.7962	− 9.78389e1	2.83255e1	3.4541e0	6090	2837
	Rh＞= 0.7962	− 5.4113e − 3	− 1.01275e0	6.94474e − 2		
グラスウール 10〜20kg/m³	Rh＜0.8357	− 4.51762e − 3	2.86089e0	1.57909e − 3	0.49	0.23
	Rh＞= 0.8357	− 9.06546e − 6	− 1.00131e0	3.02253e − 4		
EPS 20〜40kg/m³	Rh＜0.7962	− 5.44246e − 4	2.8333e − 1	1.92089e − 3	1.87	0.87
	Rh＞= 0.7962	− 2.02e − 5	− 1.00414e0	1.31959e − 3		

【参考5】湿気伝導率等の掲載文献

　外装材，内装・充填材，シート・薄板・塗膜等の各種材料の透湿抵抗等は下記文献に掲載されている．

1）次世代省エネルギー基準解説書編集委員会：住宅の省エネルギー基準の解説　表7.4.2 -5 各種材料の透湿比抵抗，透湿抵抗，pp.312-314，建築環境・省エネルギー機構，2009

2）住宅金融支援機構編：木造住宅工事仕様書　付録12各種材料，通気層の透湿率，透湿比抵抗，透湿抵抗，p.437，住宅金融支援機構，2019

補遺1　平衡含水率の測定

1.1　塩飽和水溶液上の空気の平衡時相対湿度

表 A.1は28種類の塩飽和水溶液と平衡する湿り空気の相対湿度を示したものである.

表 A.1(1)　塩飽和水溶液上で平衡する湿り空気の相対湿度

温度℃	相対湿度%RH					
	フッ化セシウム	臭化リチウム	臭化亜鉛	水酸化カリウム	水酸化ナトリウム	塩化リチウム
0		7.75±0.83				11.23±0.54
5	5.52±1.9	7.43±0.76	8.86±0.89	14.34±1.70		11.26±0.47
10	4.89±1.6	7.14±0.69	8.49±0.74	12.34±1.40		11.29±0.41
15	4.33±1.4	6.86±0.63	8.19±0.61	10.68±1.10	9.57±2.8	11.30±0.35
20	3.83±1.1	6.61±0.58	7.94±0.49	9.32±0.90	8.91±2.4	11.31±0.31
23	3.57±1.0	6.47±0.55	7.83±0.43	8.67±0.78	8.51±2.2	11.30±0.28
25	3.39±0.94	6.37±0.52	7.75±0.39	8.23±0.72	8.24±2.1	11.30±0.27
30	3.01±0.77	6.16±0.47	7.62±0.31	7.38±0.56	7.58±1.7	11.28±0.24
35	2.69±0.63	5.97±0.43	7.55±0.25	6.73±0.44	6.92±1.5	11.25±0.22
40	2.44±0.52	5.80±0.39	7.54±0.20	6.26±0.35	6.26±1.2	11.21±0.21
45	2.24±0.44	5.65±0.35	7.59±0.17	5.94±0.29	5.60±1.0	11.16±0.21
50	2.11±0.40	5.53±0.31	7.70±0.16	5.72±0.27	4.94±0.85	11.10±0.22
55	2.04±0.38	5.42±0.28	7.87±0.17	5.58±0.28	4.27±0.73	11.03±0.23
60	2.03±0.40	5.33±0.25	8.09±0.19	5.49±0.32	3.61±0.65	10.95±0.26

表 A.1(2)　塩飽和水溶液上で平衡する湿り空気の相対湿度

温度℃	相対湿度%RH					
	臭化カルシウム	ヨウ化リチウム	酢酸カリウム	フッ化カリウム	塩化マグネシウム	ヨウ化ナトリウム
0					33.66±0.33	
5		21.68±0.30			33.60±0.28	42.42±0.99
10	21.62±0.13	20.61±0.25	23.38±0.53		33.47±0.24	41.83±0.83
15	20.20±0.12	19.57±0.20	23.40±0.32		33.30±0.21	40.88±0.70
20	18.50±0.12	18.56±0.16	23.11±0.25		33.07±0.18	39.65±0.59
23	17.30±0.12	17.96±0.14	22.75±0.30		32.90±0.17	38.76±0.52
25	16.50±0.12	17.56±0.13	22.51±0.32	30.85±1.30	32.78±0.16	38.17±0.50
30		16.57±0.10	21.61±0.53	27.27±1.10	32.44±0.14	36.51±0.43
35		15.57±0.08		24.59±0.94	32.05±0.13	34.73±0.39
40		14.55±0.06		22.68±0.81	31.60±0.13	32.83±0.37
45		13.49±0.05		21.46±0.70	31.10±0.13	31.02±0.37
50		13.38±0.05		20.80±0.62	30.54±0.14	29.21±0.40
55		11.22±0.05		20.60±0.56	29.93±0.16	27.50±0.45
60		09.98±0.06		20.77±0.53	29.26±0.18	25.95±0.52

表A.1(3)　塩飽和水溶液上で平衡する湿り空気の相対湿度

温度℃	相対湿度％RH					
	炭酸 カリウム	硝酸 マグネシウム	臭化 ナトリウム	塩化 コバルト	ヨウ化 カリウム	塩化ストロン チウム
0	43.13±0.66	60.35±0.55				
5	43.13±0.50	58.86±0.43	63.51±0.72		73.30±0.34	77.13±0.12
10	43.14±0.39	57.36±0.33	62.15±0.60		72.11±0.31	75.66±0.09
15	43.15±0.33	55.87±0.27	60.68±0.51		70.98±0.28	74.13±0.06
20	43.16±0.33	54.38±0.23	59.14±0.44		69.90±0.26	72.52±0.05
23	43.16±0.36	53.49±0.22	58.20±0.42		69.28±0.25	71.52±0.05
25	43.16±0.39	52.89±0.22	57.57±0.40	64.92±3.5	68.86±0.24	70.85±0.04
30	43.17±0.50	51.40±0.24	56.03±0.38	61.83±2.8	67.89±0.23	69.12±0.03
35		49.91±0.29	54.55±0.38	58.63±2.2	66.96±0.23	
40		48.42±0.37	53.17±0.41	55.48±1.8	66.09±0.23	
45		46.93±0.47	51.95±0.47	52.56±1.5	65.26±0.24	
50		45.44±0.60	50.93±0.55	50.01±1.4	64.49±0.26	
55			50.15±0.65	48.02±1.4	63.78±0.28	
60			49.66±0.78	46.74±1.5	63.11±0.31	

表A.1(4)　塩飽和水溶液上で平衡する湿り空気の相対湿度

温度℃	相対湿度％RH					
	硝酸 ナトリウム	塩化 ナトリウム	塩化 アンモニウム	臭化 カリウム	硫酸 アンモニウム	塩化 カリウム
0		75.51±0.34			82.77±0.90	88.61±0.53
5	78.57±0.52	75.65±0.27		85.09±0.26	82.42±0.68	87.67±0.45
10	77.53±0.45	75.67±0.22	80.55±0.96	83.75±0.24	82.06±0.51	86.77±0.39
15	76.46±0.39	75.61±0.18	79.89±0.59	82.62±0.22	81.70±0.38	85.92±0.33
20	75.36±0.35	75.47±0.14	79.23±0.44	81.67±0.21	81.34±0.31	85.11±0.29
23	74.69±0.33	75.36±0.13	78.83±0.42	81.20±0.21	81.13±0.29	84.65±0.27
25	74.25±0.32	75.29±0.12	78.57±0.40	80.89±0.21	80.99±0.28	84.34±0.26
30	73.14±0.31	75.09±0.11	77.90±0.37	80.27±0.21	80.63±0.30	83.62±0.25
35	72.06±0.32	74.87±0.12		79.78±0.22	80.27±0.37	82.95±0.25
40	71.00±0.34	74.68±0.13		79.43±0.24	79.91±0.49	82.32±0.25
45	69.99±0.37	74.52±0.16		79.18±0.26	79.56±0.65	81.74±0.28
50	69.04±0.42	74.43±0.19		79.02±0.28	79.20±0.87	81.20±0.31
55	68.15±0.49	74.41±0.24		78.95±0.32		80.70±0.35
60	67.35±0.57	74.50±0.30		78.94±0.35		80.25±0.41

表A.1(5)　塩飽和水溶液上で平衡する湿り空気の相対湿度

温度℃	相対湿度％RH			
	硝酸ストロンチウム	硝酸カリウム	硫酸カリウム	クロム酸カリウム
0		96.33 ± 2.9	98.77 ± 1.1	
5	92.38 ± 0.56	96.27 ± 2.1	98.48 ± 0.91	
10	90.55 ± 0.38	95.96 ± 1.4	98.18 ± 0.76	
15	88.72 ± 0.28	95.41 ± 0.96	97.89 ± 0.63	
20	86.89 ± 0.29	94.62 ± 0.66	97.59 ± 0.53	
23	85.79 ± 0.35	94.00 ± 0.60	97.42 ± 0.47	
25	85.06 ± 0.38	93.58 ± 0.55	97.30 ± 0.45	97.88 ± 0.49
30		92.31 ± 0.60	97.00 ± 0.40	97.08 ± 0.41
35		90.79 ± 0.83	96.71 ± 0.38	96.42 ± 0.37
40		89.03 ± 1.2	96.41 ± 0.38	95.89 ± 0.37
45		87.03 ± 1.8	96.12 ± 0.40	95.50 ± 0.40
50		84.78 ± 2.5	95.82 ± 0.45	95.25 ± 0.48
55				
60				

1.2　塩飽和水溶液の準備

　蒸留水と表A.2に基づく塩の飽和溶液生成の必要量を混合し，必要であれば表A.2に示された温度まで加熱する．ただし，超過した塩は析出する．次に連続的にかき回しながら，室温までゆっくり冷却する．準備には試薬特級を利用する．塩飽和水溶液は人体に対して有害な場合もあるので，その準備と取扱いには注意しなければならない．塩溶液は定期的（例えば6か月ごと）に新しくする必要がある．

　結晶が析出している過飽和水溶液を用いた湿度コントロールの実測に基づく経験的留意点を列記する．

　・析出した結晶層は適切な厚さを維持した上澄み液で覆われている必要がある．

　・上澄み液厚さは3mm以上10mm以下が望ましい．

　・容器底がフラットな場合，上澄み液が3mm厚さ未満では，容器移動や振動などによる片寄りによって結晶の露出が起こりやすい．

　・上澄み層が10mmまでは容器内の湿度平衡状態は文献値を維持できる．

　塩飽和水溶液（結晶に上澄み液がある）は，平衡含水率の測定のみならず，湿気伝導率測定法のウェットカップ内湿度調整にも利用される

　・ウェットカップ内水溶液は試料を吸湿過程で恒量させるか，放湿過程で恒量させるかによって上澄み液の増減がある．

　・カップ底はフラットであり，カップ重量測定時にカップの移動をする場合が多く，結晶層の片寄りは発生しやすい．

　・カップ内一定湿度条件を保持するには，試料の恒量確認まで，上澄み液が3mm以上10mm以下を維持できるように事前の検討が重要である．

　・測定期間が長いウェットカップ法では，上澄み液層にも厚さの不陸が生じやすい．

　許容できる不陸か，カップ重量測定時の十分な観察が肝要である．

表A.2(1) 塩の溶解性

塩	結晶水 （塩1モルあたりの 結晶水モル数）	溶解性	
		水温 [℃]	溶解量 [g/100ml]
フッ化セシウム	0H$_2$O	18	367
	1 1/2 H$_2$O	18	366.5
臭化リチウム	0H$_2$O	4	145
	0H$_2$O	90	254
	2H$_2$O	20	246
臭化亜鉛		20	447
		100	675
水酸化カリウム		15	107
		100	178
水酸化ナトリウム		0	42
		100	347
塩化リチウム	0H$_2$O	0	63.7
	0H$_2$O	95	130
	1H$_2$O	30	86.2
臭化カルシウム	0H$_2$O	20	142
	0H$_2$O	100	312
	6H$_2$O	0	594
	6H$_2$O	25	1360
ヨウ化リチウム	0H$_2$O	20	165
	0H$_2$O	90	433
	3H$_2$O	0	151
	3H$_2$O	90	201.2
酢酸カリウム		20	253
		62	492
フッ化カリウム	0H$_2$O	18	92.3
	2H$_2$O	18	349.3
塩化マグネシウム	0H$_2$O	20	54.25
	0H$_2$O	100	72.7
	6H$_2$O	20	167
	6H$_2$O	100	367
ヨウ化ナトリウム	0H$_2$O	25	184
	0H$_2$O	100	203
	2H$_2$O	0	317.9
	2H$_2$O	100	1550
炭酸カリウム	0H$_2$O	20	112
	0H$_2$O	100	156
	1 1/2 H$_2$O	20	129.4
	1 1/2 H$_2$O	100	268.3
	2H$_2$O	20	146.9
	2H$_2$O	100	331
硝酸マグネシウム	6H$_2$O	20	125

表A.2(2)　塩の溶解性

塩	結晶水 （塩1モルあたりの 結晶水モル数）	溶解性	
		水温 [℃]	溶解量 [g/100ml]
臭化ナトリウム	0H$_2$O 0H$_2$O 2H$_2$O 2H$_2$O	50 100 0 81	116 121 79.5 118.6
塩化コバルト	0H$_2$O 0H$_2$O 6H$_2$O 6H$_2$O	7 96 0 100	45 105 76.7 190.7
ヨウ化カリウム	1/2　H$_2$O 1/2　H$_2$O	0 100	127.5 208
塩化ストロンチウム	0H$_2$O 0H$_2$O 6H$_2$O 6H$_2$O	20 100 0 40	53.8 100.8 106.2 205.8
硝酸ナトリウム		25 100	92.1 180
塩化ナトリウム		0 100	35.7 39.12
塩化アンモニウム		0 100	29.7 75.8
臭化カリウム		0 100	53.48 102
硫酸アンモニウム		0 100	70.6 103.8
塩化カリウム		20 100	34.7 56.7
硝酸ストロンチウム	0H$_2$O 0H$_2$O 4H$_2$O 4H$_2$O	18 90 0 100	70.9 100 60.43 206.5
硝酸カリウム		0 100	13.3 247
硫酸カリウム		25 100	12 24.1
クロム酸カリウム		20 100	62.9 79.2

〔例〕　1.5の結晶水を含むフッ化セシウムを利用する場合，18℃で100mlの蒸留水に366.5gの塩を溶かせば塩飽和水溶液が得られる．

引用・参考文献

1) Greenspan, Lewis: Humidity Fixed Points of Binary Saturated Aqueous Solutions: Journal of Research of the National Bureau of Standards － A. Physics and Chemistry, Vol.81A, No.1, January － February 1977

1.3　平衡含水率に関する測定事例

(1)　池田哲朗：結露障害防止に関する基礎的研究，京都大学学位論文，p.34，1979

　平衡含水率測定装置を図 A.1に示す．装置全体は恒温室の中に入れられる．一定湿度は飽和塩水溶液によって得る．測定に使用した飽和塩は5種類（$ZnCl_2 \cdot xH_2O$，$Ca(NO_3)_2 \cdot 4H_2O$，$Na_2CO_3 \cdot 10H_2O$，$MgCl_2 \cdot 6H_2O$，$NaCl$）である．ここでは，吸湿過程のみを測定した（図 A.2）．この測定に使用された建築材料は，軟質繊維板（8.5mm 厚）である．

　高相対湿度（95% RH 以上）における測定は，わずかな温度変化によっても材料への結露が生じる問題があり，困難である．

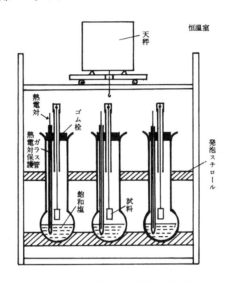

図 A.1　平衡含水率測定装置

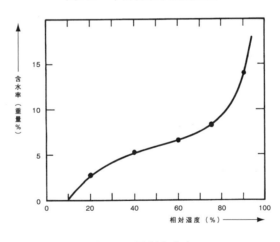

図 A.2　平衡含水率

(2)　水畑雅行：高湿建築材料中の水分挙動とその解析，日本建築学会環境工学委員会　第21回熱シンポジウム，pp.21-28，1991

　$LiCl$，$MgCl_2 \cdot 6H_2O$，$Mg(NO_3)_2 \cdot 6H_2O$，$NaCl$，KNO_3の5種類の塩の飽和水溶液を入れたガラス容器中に小片の試料（気泡コンクリート）を長時間設置し，各試料の質量変化がほとんどなくなった時点での質量と，その試料の絶乾質量とから平衡含水率を求めている．ガラス容器中の温度は20°Cとしている．

(3)　Martin Krus, Moisture Transport and Storage Coefficients of Porous Mineral Building

Materials － Theoretical Principles and New Test Methods, 4. Determination of storage characteristics, pp.41-51, Fraunhofer IRB Verlag, 1996

ハイグロスコピック域とこれを超えた毛細管飽和含水率以下の領域における平衡含水率曲線について議論されている．それぞれの領域に対して異なる測定方法が用いられる．

⑷　Hansen K.K., Sorption Isotherms Catalogues, 4. Technical report 162/86, Technical University of Denmark, 1986

包括的な平衡含水率曲線に関する一覧を示している．いくつかの材料種別に対する変化は大きく，新種の材料については新たな測定が必要となることを示唆している．ハイグロスコピック域を超え毛細管飽和含水率以下の領域での平衡含水率曲線は，圧力板装置で同定される．自然砂岩に塩を染み込ませた試料と全く染み込ませてない試料に対する，圧力板装置で測定された毛細管圧力を，水銀注入による毛細管分布の実験データと比較し，圧力板装置による同定の利点と欠点を例示している．ハイクロスコピック域と圧力板装置による同定により，多孔質な建築材料の全ての主要な水分容量特性を包含し，毛細管飽和含水率以下の領域での平衡含水率曲線が得られることを示している．

⑸　平衡含水率の動的測定：

本間義規，鉾井修一，福島明：吸放湿性建築材料の実用的湿気物性同定に関する基礎的検討，日本建築学会計画系論文集，No. 513，pp.31-37，1998.11

湿気物性が既知である材料（ALC）を対象として，材料の質量変化を指数関数級数で近似する手法について検討し，その近似手法を用いた平衡質量予測法を提案している（図A.3）．また，珪藻土タイルを対象として非定常吸放湿実験を行い（図A.4），平衡質量予測法を用いて平衡含水率曲線を求めている（後述の⑹に近い）．

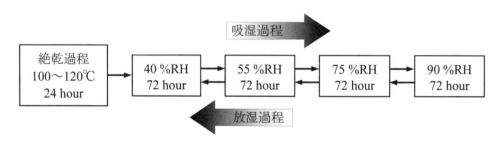

図 A.3　吸放湿実験サイクル（25℃等温系）

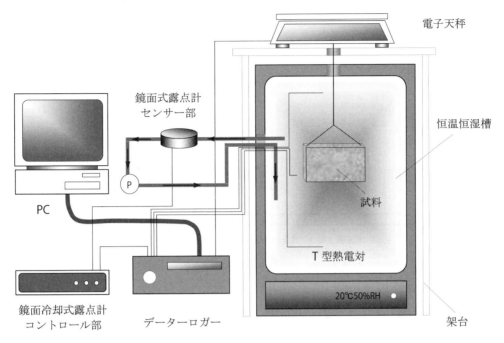

電子天秤

鏡面式露点計
センサー部

恒温恒湿槽

試料

PC

P

T 型熱電対

鏡面冷却式露点計
コントロール部

データーロガー

20℃50%RH

架台

図 A.4　測定装置の概要

(6)　JIS A 1475：2004　建築材料の平衡含水率測定方法

　設定したある相対湿度および温度の雰囲気の中に試料を入れ，吸湿または放湿によって平衡状態に達した試料の質量を測定し，試料の基準乾燥の質量または容積を基準として求める方法．ガラスなどの容器に入れた塩飽和水溶液による方法（デシケータ法，図 A.5）と恒温恒湿槽のように機械的なチャンバーによる方法（チャンバー法，図 A.6）がある．吸湿過程と放湿過程の試験方法があり，0〜100％の間の相対湿度を適切な間隔で 5 点以上選び，各々の相対湿度での平衡含水率の値を結んで吸湿過程および放湿過程の平衡含水率曲線で表す．JIS A1475は，ISO 12571: 2000，Hygrothermal performance of building materials and products–Determination of hygroscopic sorption properties を基礎として用いているが，塩類の選択等で JIS 独自の部分も含まれる．

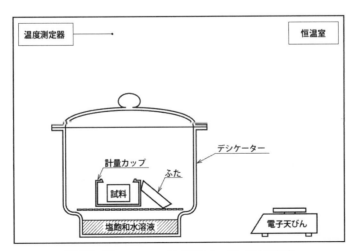

温度測定器

恒温室

計量カップ

デシケーター

ふた

試料

塩飽和水溶液

電子天びん

附属書 1 図 1　ISO 12571 のデシケーターによる場合

図 A.5　デシケータ法（JIS A1475：2004）

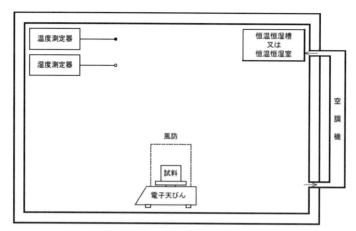

附属書2図1　恒温恒湿槽又は恒温恒湿室による場合

図 A.6　チャンバー法（JIS A1475：2004）

1.4　精密湿度発生装置

(1)　概要

　材料の平衡含水率測定のための雰囲気湿度は，①恒温槽の中に塩飽和水溶液を用いた容器を設置し，その中で試料を養生する方法，②機械式恒温恒湿槽を用いる方法，③精密湿度発生装置で作った湿り空気で養生する方法の3種類が考えられる．本規準では，①と②について述べたが，ここでは③の精密湿度発生装置について解説する．

(2)　分流式湿度発生装置

　恒湿発生方法は，圧力または温度をコントロールして水蒸気飽和空気の状態を変える熱力学的な方法と水蒸気飽和空気と乾燥空気を混合させる方法（分流法），水溶液の定点を利用する方法があるが，一般に市販されている精密湿度発生装置は分流法が多い．分流法の装置概要（図 A.7）について説明する．まず，空気圧縮機（エアコンプレッサー）を用いて送り出した湿り空気をエアドライヤーを通して乾燥空気にする．それを所定の流量比に分流させて，一方は飽和槽を通過させて水蒸気で飽和させ，もう一方は乾燥させたままにして，再度，合流・混合させる．このようなプロセスにより，希望する湿り空気を作り出す．最終的に送り出される空気の相対湿度 U は，次式から算出される．

$$U = \frac{P_t \cdot \gamma}{P_s - (1-\gamma)\cdot e_s} \times 100 \tag{A1.1}$$

　γ：分流比（質量流量比）[－]，P_t：試験槽内の圧力 [Pa]，P_s：飽和槽内の圧力 [Pa]
　e_s：飽和槽内の温度における飽和水蒸気圧 [Pa]

　ここで，飽和槽内の圧力と試験槽内の圧力が同じであるので，$P = P_t = P_s$ とおくと，(A1.1) 式は (A1.2) 式のようになる．

$$U = \frac{\gamma}{1 - (1-\gamma)\cdot(e_s/P)} \times 100 \tag{A1.2}$$

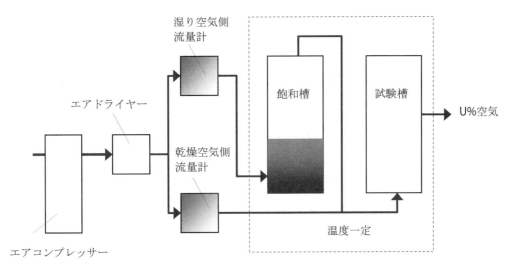

図 A.7　分流式精密湿度発生装置の原理

(3)　精密湿度発生装置使用上の注意点

　1）流量比のコントロールと流量

　　　希望の湿度を作り出すには，流量比のコントロールが重要である．そのためには，マスフローメーターなど，正確に質量流量を測定できるものを利用する．また，一般に送り出される空気量は少ないので，試料容器の大きさに注意する．

　2）装置の温度コントロール

　　　飽和槽，試験槽は温度一定の空間の中にある必要がある．通常，水槽の中に入っており，その水温は室内雰囲気温度と平衡状態にあることを想定しているが，一般に室温とは少なからず異なる．また，室雰囲気温度が変化するような状況では好ましくない．そのため，希望の温度に水温を調節する装置を組み込む必要がある．さらに，これらの槽温度は，試料容器の置かれる空間温度と同一とする必要がある．個別にコントロールするときは，注意が必要である．

　3）エアコンプレッサー

　　　圧縮空気を送り出すエアコンプレッサーは，一般に騒音・振動を発生するため，設置場所には注意する．

引用・参考文献

　1）日本機械学会：湿度・水分計測と環境のモニタ，技報堂出版，1992

　2）上田政文：湿度と蒸発―基礎から計測技術まで―，コロナ社，2000

1.5　動的水蒸気吸着測定装置

　動的水蒸気吸着測定装置（図 A.8）は，雰囲気相対湿度をステップワイズに変化させて試料質量を連続測定する方法である．一般にセメント系材料は吸湿速度が遅いため，平衡に達する前に湿度変更し，平衡質量は指数関数で外挿することにより求める（多田，孫，渡辺らもほぼ同様の測定法を提案している[2]）．Anders らによると，高湿度域に差が見られるものの，短期間の測定で精度の良い測定ができること（表A.3）が報告されている[1]．

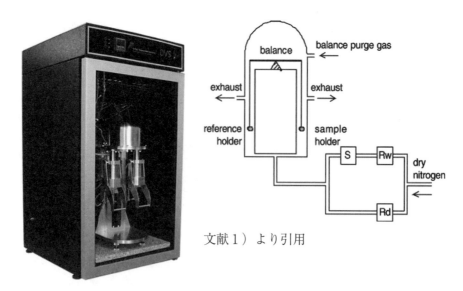

文献1）より引用

http://science-core.jp/products/dvs-adventure/

図A.8 動的水蒸気吸着測定装置

表A.3 動的水蒸気吸着測定装置と従来法の比較[1]

Table 3 Sorption isotherms presented as moisture content per mass at 10% RH

RH%	Material A		Material B	
	Present	Reference	Present	Reference
95	3.2	2.9	5.2	4.6
90	2.4	2.3	4.2	3.7
80	1.8	1.8	2.9	2.7
70	1.3	1.3	2.0	2.0
50	0.41	0.40	0.60	0.65
30	0.18	0.17	0.20	0.24
10	0	0	0	0

The reference material was taken from a larger sample and measured with a similar method.

引用・参考文献

1）Anders Anderberg, Lars Wadsö, Method for simultaneous determination of isotherms and diffusivity of cement-based materials, Cement and Concrete Research 38, pp.89-94, 2008

2）多田眞作, 孫喜山, 渡辺一正：セメント系硬化体の水蒸気吸着等温線の動的測定, コンクリート工学年次論文報告集, 22(2), pp.775-780, 2000

補遺2　湿気伝導率（カップ法に関して−各規準の比較−）

(1)　カップ法の概要

JIS A 1324と ISO 12572を主として，測定法の概要を列記する．

JIS ではカップ内が吸湿剤の場合のみについて記述されているのに対し，ISO ではカップ内吸湿剤の場合と塩飽和水溶液の場合の2つが記述されている．

JIS[1]規格：透湿係数が1000ng/(m^2・s・Pa) (1.0×10^{-9}kg/(m^2・s・Pa)) より小さくなることが予想される場合の試験法であり，カップ内に吸湿剤を封入するカップ法である．

ISO[4]：2.0×10^{-9}kg/(m^2・s・Pa)＞透湿係数＞1.3×10^{-13}kg/(m^2・s・Pa) の範囲の試料測定法であり，カップ内に塩飽和水溶液を入れ高湿度条件をつくる場合も含む．

※解説

JIS[1]規格によると，試験法選択の目安を次のように示している．透湿係数が200ng/(m^2・s・Pa) (2.0×10^{-10}kg/(m^2・s・Pa)) 以上の材料には透湿試験箱法（ボックス法）が適用できる（付録A）．カップ法は，1000ng/(m^2・s・Pa) (1.0×10^{-9}kg/(m^2・s・Pa)) 以下の材に適用される方法である．さらに，プラスチックフィルム，加工紙や防湿を目的とした包装材料については，透湿度を定めるカップ法を用いた測定法が別途示されている．

ISO[4]（カップ法）で示される試験法の適応限界は，透湿係数が約2.0×10^{-9}kg/(m^2・s・Pa) 以下の材としている．

このように，カップ法の範囲では JIS，ISO ともに同程度の透湿係数のオーダーを測定範囲の規準としている．さらに ISO では，非透湿材の規準を，透湿係数約1.3×10^{-13}kg/(m^2・s・Pa) (1500m 相当空気層厚さ) 以下とし，測定限界を明記している．

(2)　単位と物性値

物理量の単位系統一の動きに応じて，各規準とも従来の単位系を SI 単位系に換算している．長さや質量の単位換算で生じる差に比べ，圧力の単位換算で生じる差は無視できない．JIS 規格では，圧力単位を水銀柱 [mmHg] から [Pa] の単位へ換算をしている．換算は 1 Pa ＝7.501×10^{-3}mmHg と明記している．この値は，温度15℃の標準大気圧を基とした換算値である．状態量換算では，湿り空気の温度状態の明記が必要であろう．ASTM 規準（inch-pound 単位系から ISO 単位系へ）で記述されているような，温度0℃での状態量を基準とした単位換算であるなどの明記は重要と考えられる．

※解説

各規準では，湿気伝導率以外に以下の物性値が定義されている．

JIS 規格は原則 ISO 表記に準じているが，質量単位で ng や g 表記をしているものがある．以下は，ISO で定義されている質量単位 [kg] で表記した．単位換算が適当でないと判断したものは，各規準の表記に準じている．

　a) 透湿係数[1,4]（water vapor permeance）[kg/(m^2・s・Pa)]
　　　単位時間，単位面積あたりに透過する水蒸気の質量

$$透湿係数 = \frac{透過水蒸気質量}{透湿面積 \times 水蒸気圧差} \tag{A2.1}$$

　　b）透湿抵抗（water vapor resistance）［m²・s・Ps/kg］
　　　　透湿係数の逆数で定義される．

　　c）透湿率　または　湿気伝導率[1), 4)]（water vapor permeability）［kg/(m・s・Pa)］
　　　　単位時間，単位長さあたりに透過する水蒸気の質量であり，次式で定義される．

$$透湿率 = \frac{透過水蒸気質量}{透湿面積 \times 水蒸気圧差} \times 材料厚さ \tag{A2.2}$$

　　d）透湿度[2)]［g/m²×24h］
　　　　24時間で，単位面積あたりに膜状物質を透過する水蒸気質量で定義される．
　　　　透湿度は，境界条件　温度25℃　または　40℃，相対湿度90％RH と乾燥剤で実現
　　される低湿度環境下で24時間測定した結果のみで定義される．

$$透湿度 = \frac{24 \times 透過水蒸気質量}{透湿面積} \tag{A2.3}$$

　　e）その他 ISO[4)]には，次のような値が定義されている．
　　　　water vapor diffusion-equivalent air layer thickness；透湿係数相当空気層厚さ［m］
　　　　water vapor resistance factor；材料の湿気伝導率（透湿率）と空気の湿気伝導率
　　（透湿率）の比率

$$比率 = \frac{空気透湿率}{材料透湿率} \tag{A2.4}$$

(3)　装　　　置

　　透湿カップ（実験装置）は，恒温恒湿槽内に設置する．
JIS[1)]規格
　　透湿カップの素材は，水蒸気に対し非透過であり腐食等のない材料またはアルミニウム
合金製とする．
　　透湿カップ寸法は，横300mm ×縦300mm ×厚さ50mm，吸湿剤ボックス寸法は，横
250mm ×縦250mm ×厚さ30mm とする（付録B）．
　　試料寸法は透湿カップ寸法とし，厚さは50mm を上限とする．透湿面を除く面はアルミ
ニウムテープで断湿する．
　　透湿カップに取り付ける試料の透湿面積は250mm ×250mm の大きさとなるよう，周囲
25mm の幅で透湿カップ側壁と連続するようにシール材を塗布する．また，シール材は
0.1g 以上の吸水および吸湿による質量変化のないものを選ぶ．
　　吸湿剤ボックス（高さ30mm）には無水カルシウム（JIS K 8125）500± 5 g を表面が平
らになるよう投入する．吸湿材ボックスと試料面の間には，20mm 程度の空気層ができる．
この空気層の透湿抵抗は無視している．
ISO[4)]
　　透湿カップの素材はガラスまたは金属とする．
　　カップ形状，試料の種類に応じて推奨規格がある．付録C に試料および装置のシール法
と併せて示す．
　　試料寸法は透湿面直径 D が試料厚さ d の 2 倍以上となること，透湿面積が0.005m²以上
とすることが規定されている．つまり，試料厚さは透湿面の半径より小さい値とする（最

小の透湿面積なら約40mm 程度）．透湿面積および試料厚さの差は±0.5％以内，長さの差は±0.5mm を許容値とする．

　また，透湿面の両面積の違いが，湿気伝導に対し均質材で３％以内であることと不均質材なら10％以内の差まで緩和されるとしている．

　カップ内吸湿剤，塩飽和水溶液と試料間の空気層厚さ15±５mm，塩飽和水溶液の厚さは15mm と規定し，この空気層の透湿抵抗は約$7.5 \times 10^7 \mathrm{m^2 s\,Pa/kg}$ である．

　試料個数は透湿面積$0.02\mathrm{m^2}$以下なら５個，それ以上なら３個とする．

※解説

　JIS[1]規準ではボックス法との兼合いで，試料形状に矩形を認めている．JIS 解説にもあるようにこれは一つの目安を示しているものであり，形状，寸法いずれも，測定者の判断が大きく入り込める規準となっている．

　ISO[4]規準はカップ法での測定法であるため，円形透湿面での測定を推奨している．一方，試料厚さの制限は100mm を超えないこととなっている．粗骨材を含むコンクリート製品では，最大粒径の３倍以上の厚さとすることを細かく規定している．さらにカップに納まらない厚さの材料については，カップ寸法に合わせて適当にスライスし，全試料の測定値を報告することとしている．

　ASTM[3]規準では，吸放湿面積を ISO[4]規準よりさらに小さい$0.003\mathrm{m^2}$以上と規定している．

　試料寸法決定で，JIS 規準は測定者の判断に裁量権を多く残したものとなっている．測定対象ごとに，装置と試料寸法を合わせて細かな規定を設けている ISO 規準は，測定者の技量によらず測定精度を均一に保つことを期待し作成されたもので，規準としてあるべき姿に近いものと判断できる．ただし，試料厚さに関しては，測定時間長さに大きく影響するものであり，測定の精度にも関わる．ゆえに，ISO での最大100mm という厚さは，測定精度を大きく損ねることが懸念される．

⑷　養生条件

JIS[1]規準

　試料は温度20±５℃，相対湿度50±10％RH に平衡するまで養生する．

ISO[4]規準

　試料は温度23±５℃，相対湿度50±５％RH に平衡するまで養生する．プラスチック材の養生は不要である．

　平衡状態とは，一日３回の質量測定結果の差が測定質量の平均値の５％以内に達した場合とする．

※解説

　養生条件は実験条件との兼ね合いででてきたものであるから，常温・気乾状態を設定した両規準に大きな違いはない．ISO では，平衡状態の確認方法が具体的に示されている．

　試料の吸湿量が透過水蒸気質量測定に及ぼす影響の大きさは，試料の養生条件と大きく関わると考えられる．しかし，前述のように試料養生条件は，どちらとも常温，気乾状態としている．JIS 規格では，ブランクカップを用い，あらかじめ確認した試料吸湿量を減ずることで，吸湿量の影響を考慮する測定手順が示されているが，測定法としてはあいま

いさが残ると考えられる．ゆえに，このような場合，測定装置の質量変化がダイレクトに透湿水蒸気質量と見なせるような養生条件とすべきと考えられる．例えば，試料両側の平均湿度を養生条件とするなどの工夫が考えられる．

(5)　測定器の精度

JIS[1]規格

　温度計の精度　0.1°C

　湿度計の精度　相対湿度±2％RH

　天秤精度　0.1g　　（質量測定対象は装置と試料を含んだ総質量）

　　　　　　　　　　　［質量測定環境は20±5℃，相対湿度50±10％RH とする］

ISO[4]

　天秤精度　0.001g　［質量測定環境と装置暴露環境との温度差は2℃内外］

　　　　　　　　　　（質量材料では0.01g）

　寸法の測定精度　0.1mm，その差は0.5％内外

※解説

　両者の大きな違いは，天秤の精度である．ISO では吸湿剤ボックスに塩類の飽和溶液を入れた実験も認めている．ゆえに飽和溶液の質量変化を読み取るには上記精度を必要とすると考えられる．水蒸気圧一定条件を作る材料に応じて天秤の精度は選択する必要がある．測定条件の確認や測定値の整理のために温度計や湿度計，寸法測定に対する精度は明確に記述されるべきである．

(6)　恒温恒湿槽の精度

JIS[1]規格，ISO[4]

　JIS では，温度は15°C から30°C の任意設定可能なもので，設定温度に対し±0.5℃の精度を有するものとする．相対湿度は50％RH から90％RH の範囲で設定可能であり，精度は±3％の条件で一定に保てることとしている．試料表面の空気は0.5～2.5m/s で循環する装置であることと規定されている．ISO では，透湿性の高い材や膜材の場合で2.0m/s 以上の風速となる装置であることと規定されている．槽内温湿度を均一化するために0.02m/s から0.3m/s の速度で槽内を撹拌することとしている．

※解説

　温度，湿度の設定精度に関し JIS，ISO 両者に大きな差異はないが，槽内気流速度に大きな差がある．JIS 規格では大きな槽内風速を許容していることから，透湿面上の湿気伝達抵抗は風速が増すにつれて小さくなる．最小風速0.5m/s で測定される透湿抵抗値に伝達層の抵抗が及ぼす影響は3％程度である．さらに風速が小さな場合，透湿抵抗が小さい材では，伝達層の影響で10％に近い差を生じる．

(7)　測 定 手 順

JIS[1]規格

a）恒温恒湿槽内を温度23℃，相対湿度50％RH に設定した中に試料を取り付けたカップを置く．

　ｂ）カップの質量測定間隔は，透湿量が0.1〜10g の範囲になるよう選択する．連続した
　　カップの質量測定値の差を１時間あたりの質量変化に換算する．透湿量は連続して５回
　　以上測定し，連続した５測定点での増加量測定値が５％以内で一定となったら試験を終
　　了し，結果をこの実験の透湿量とする．
　　　　カップの吸湿剤が初期質量に対し約10％（約50g）の吸湿をした時点で，試験を終了
　　する．また，カップの質量増加が240時間経過後で0.2g 以下の場合，測定を終了する．
　　試料に大きな吸湿性がある場合，吸湿材ボックスは，空のままの実験装置で試料の吸湿
　　量をあらかじめ見積もる．その値を前述の測定法で得られた結果から差し引くことで，
　　透湿水蒸気質量を見積もる．
　ｃ）最小二乗法によって単位時間あたりの透湿量を求め，報告すべき物性値を算定する．
ISO[4]
　ａ）恒温恒湿槽内温度条件をカップ内湿度が設定値に対し±0.5％RH の精度となるよう設
　　定する．さらに湿度条件はカップ内設定湿度と±10％RH 以内の差で設定する．
　　カップ内湿度と恒温恒湿槽内温度の組合せ
　　　　温度23±0.5℃　　　相対湿度０－50％RH
　　　　温度23±0.5℃　　　相対湿度０－85％RH
　　　　温度23±0.5℃　　　相対湿度50－93％RH
　　　　温度38±0.5℃　　　相対湿度０－93％RH
　　　使用する塩（平衡する相対湿度）と吸湿剤は，温度23℃を基準として以下のものが規
　　準とされている．

表A.4　　カップ法で使用される塩と吸湿剤と平衡する相対湿度

	材料	相対湿度［％RH］
乾燥	$CaCl_2$	0
	$Mg(ClO_4)_2$	0
高湿	$Mg(NO_3)_2$	53
	KCl	85
	$NH_4H_2PO_4$	93
	KNO_3	94

　ｂ）質量測定間隔は，材料ごと規準の付録に応じて決定する．
　　　連続した５回の質量変化量が試料平均値の±５％以内となるまで測定を繰り返す．な
　　お，吸湿剤25ml あたりの質量変化が1.5g 以上の場合，試験を終了する．また，塩飽和
　　水溶液を湿度調整に使用した場合，この溶液の質量変化が初期質量の１／２を超えると
　　き，測定は終了する．
　ｃ）測定結果から試料カップ側表面の湿気伝達率分を取り除き，整理して報告する．
※解説
　JIS 規格で示されている試料吸湿量の処理法について，ISO では示されていない．前述
のとおり，測定法としては，このような処理を極力避けるべきと考えられる．

付録A ボックス法装置

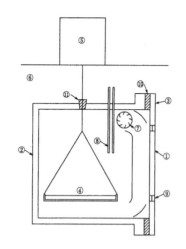

図A.9 1ボックス法装置

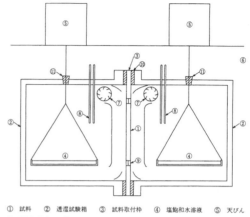

① 試料　② 透湿試験箱　③ 試料取付枠　④ 塩飽和水溶液　⑤ 天びん
⑥ 恒温恒湿室　⑦ かくはん用ファン　⑧ 温度計及び湿度計　⑨ シール材
⑩ ゴムパッキング　⑪ 密閉型栓

図A.10 2ボックス法装置

付録B 透湿カップの構造（JIS規格）

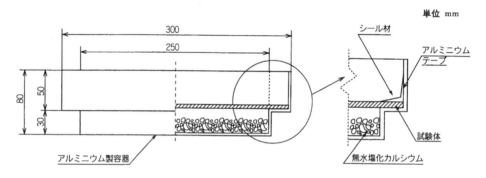

図A.11 透湿カップ

付録 C　試料の種類に応じた透湿カップの構造（ISO 規準）（試料および装置のシール法）

ISO に示されているカップ形状，試料の種類に応じた推奨規格を以下に示す．

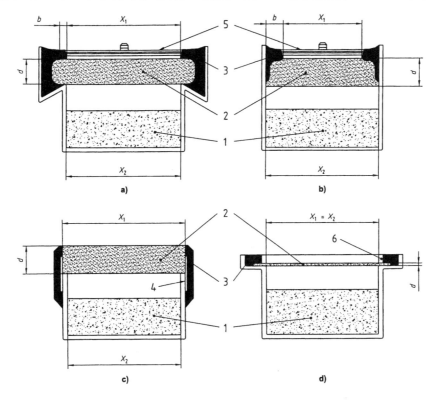

Key

1 Desiccant/aqueous saturated solution
2 Test specimen
3 Sealant
4 Tape
5 Template
6 Limiting ring

X_1　　　defines the upper exposed area
X_2　　　defines the lower exposed area
d　　　is the thickness of the test specimen
b　　　is the width of the masked edge (see annex F)

図 A.12　一般建築用材の測定装置（塗料の測定は一般建築材料に塗布した物を試料として本装置で測定を行う）

　試料厚さは20mm 以上．セメント系試料は所定の養生の後に試料とする．

　装置 a），b）は恒温恒湿槽側暴露面に断湿材（テープまたはエポキシ樹脂）による，吸放湿面積の欠損が生じるので，別途測定値の補正が必要となる．断湿用シーラントの推奨品は micro crystalline wax 90% と plasticizer 10%混合剤　または　micro crystalline wax 60% と refined crystalline pafaddin 40%　の混合剤

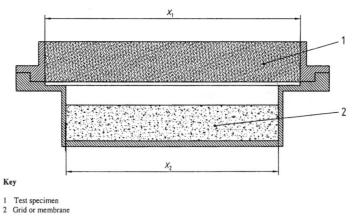

Key

1 Test specimen
2 Grid or membrane

図 A.13 粒子状材料の測定装置

　試料は，試料と同等の透湿特性を有する吸湿剤ボックス開口部に置かれた金網または透湿用フィルターで保持する．試料厚さは100mm 以上とする．吸湿剤ボックス開口部上，透湿カップのデッキは20mm とする．

　この試験装置では，吸放湿面積の補正と透湿フィルターの透湿抵抗を除く補正が必要となる．透湿フィルターの透湿抵抗は，別途測定する必要がある．

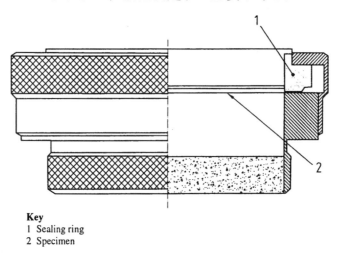

Key
1 Sealing ring
2 Specimen

図 A.14 膜状材料用測定装置

　塗料は，一般建築材料の塗布した物を試料として本装置で測定を行う．

　膜状材料は厚さの同定が困難である．ゆえに本装置を用いた測定結果は，透湿抵抗として結果を表示する．

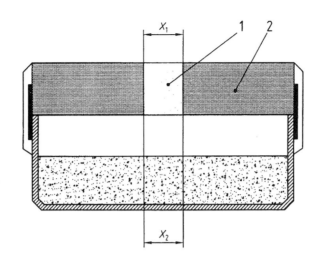

Key

1　Mastic sealant in slot
2　Low permeability material
X_1　　defines the upper exposed area
X_2　　defines the lower exposed area

図 A.15　樹脂類の測定装置

　形状が定まらず，透湿抵抗の大きな材料の測定装置である．

　薄膜状使用の樹脂は透湿フィルターに貼付したものを試料とし，粒子状材料の測定装置を用いて測定を行う．図 A.15中の 2 で示す材料は，透湿係数が既知の一般的建築用材の中央部に樹脂を流し込んだものである．このような仕様の試料は，一般建築用材の方法に準じて測定を行う．

　この方法では，塗料を塗布された一般建築材料の透湿抵抗を測定結果から解析によって除去する必要がある．

引用・参考文献

　　1）JIS A 1324：1995 建築材料の透湿性試験方法

　　2）JIS Z 0208：1976 防湿包装材料の透湿度試験方法（カップ法）

　　3）ASTM Designation: E96 ‐ 95 Standard test methods for water vapor transmission of materials, 1995

　　4）ISO 12572 Hygrothermal performance of building materials and products – Determination of water vapor transmission properties –, 2001

補遺3　水分拡散係数の測定法の詳細

　水分拡散係数，温度勾配水分拡散係数の測定は，非常に少ない研究機関でしか行われていない．当然，本文で示した装置の規格品はなく，ほとんどが手作りである．また測定手順についても，各研究機関のノウハウの蓄積に依存する．これら係数の測定がより多くの機関で行われるようにするためには，装置の図面だけではなく，その具体的な手順の説明が必要と考えられる．この目的のために，ここでは故松本衛神戸大学名誉教授の研究室で行われていた測定手順解説書を整理して述べる．

　また，含水率勾配水分拡散係数に関して，ガンマ線やNMRを利用した非破壊測定法を利用した非定常法が存在する．それについても述べる．

3.1　含水率勾配水分拡散係数の標準的な測定について

（1）試料作成

１）乾燥状態の試料の場合

　a）原材料の端の部分は，密度が異なるので，ノコギリ等で10〜20mm切り取る．

　b）原材料を水分拡散係数測定に用いる試料の大きさに合わせてノコギリで切り取る．

　c）切り取った試料に鉛筆等で装置に合った円を描き，それにそってノコギリおよびヤスリで円柱または角柱を作る．その際，厚さが均一になるようにする．

　d）試料の形をノギスで直径，厚さを測る．これらは，3か所以上測り，その平均値をそれぞれ直径，厚さとする．

　e）試料の大きさに合わせて，セロハンの半透膜からフィルター（以下，フィルターという）を作る．

　f）試料にフィルターを取り付ける．このとき，フィルターののりしろにエポキシ樹脂接着剤を塗り，水分が流れる断面にエポキシ樹脂接着剤がつかないように注意しながら試料に取り付け，輪ゴムでのりしろの上を挟み密着させ，接着するまで一日程度放置する．

　g）試料の側面にエポキシ樹脂接着剤をむらなく塗る．気泡がある場合は，そこにも切れ目なくエポキシ樹脂接着剤が塗られていることを確かめる．その上にアルミホイルを隙間なくかぶせ，接着するまで一日程度放置する．

２）湿潤状態の試料の場合

　　最初の手順a)〜e)は，乾燥状態の場合のa)〜e)と同じ．

　f）試料の側面にエポキシ樹脂接着剤をむらなく塗り，その上にアルミホイルを隙間なく被せ，接着するまで一日程度放置する．

　g）デシケータ内に蒸留水を入れ，真空ポンプで水中の気泡を十分に抜いた上で試料を浸し，一日程度放置する．

　h）デシケータから湿潤した試料を取り出し，フィルターを取り付ける．このとき，フィルターののりしろにエポキシ樹脂接着剤を塗り，水分が流れる断面にエポキシ樹脂接着剤がつかないように注意しながら試料に取り付け，輪ゴムでのりしろの上を挟み密着させる．また，乾燥しないようにアルミホイルで包む．このときアルミホイルは接着しない．その後，一日程度放置する．

（2）測定手順（乾燥，湿潤状態共通）

a）測定装置に試料を取り付ける．このとき，試料と測定装置の間にゴムパッキンを付ける．

b）試料に応じた流量に合わせてビュレットを選び，測定装置にゴム管をつなげ取り付ける．

c）水中の気泡を取り除いた蒸留水（脱気水）を，測定装置の水槽内に入れる．その際，ビュレットのコックは閉じておき，漏斗のコックを開いて水槽内に空気が残らないよう注意する．漏斗のコックは蒸留水を入れる時以外は閉めておき，ビュレットのコックは，蒸留水を入れる時以外は開けておく．

d）温・湿度が一定に制御された空間（恒温恒湿器等）に，測定装置を設置する．その際，試料のフィルター側の境界条件として与えるポテンシャルを，ビュレットの位置と試料のフィルターのある断面中央位置の高さの差を変化させて与える．ビュレットは，メニスカスがある先の方を少し高くし，コックは開けておく．

e）実験開始直後は，水分流量が大きいので，毎日ビュレットで流量を読み取る．ビュレット内の蒸留水が少なくなると，漏斗から蒸留水をスポイトで補給し，その直後のメニスカスの位置を記録する．

f）水分流量を，最初の数日は一日おき，流量が少なくなると二日おきに読み取り，流量が一定となる定常状態に達するまで測定を続ける．

(3)　含水率の測定

a）定常状態に達したら，測定装置ごと，洗面台に持っていき試料を取り外す．その際，実験装置水槽の水が試料にかからないように注意する．

b）取り外した試料6～10mm ぐらいを目途にして切断し，アルミホイル，フィルターを取り除く．フィルターを取り除く際に，フィルターの蒸留水側の面が切片につかないように注意する．

c）切片をすばやくアルミホイルに包み，質量を測定する．

d）アルミホイルの口を開け，乾燥用オーブンに入れ，一日以上放置する．

e）アルミホイルの口を閉じて，包み直した切片の質量の測定を行う．

f）d）e）の操作を3回以上行い，試料の質量変化が試料質量の0.1％未満になることを目安として乾燥させた後，切片を包んでいたアルミホイルの質量を測定する．

g）含水率試料切片，乾燥試料切片の質量の測定値からそれぞれの含水率を求める．

(4)　水分拡散係数の測定例

水分拡散係数の測定例については，本文5.2.2.1の文献を参照のこと．

3.2　温度勾配水分拡散係数の標準的な測定について

(1)　試料作成

水分拡散係数の測定は，定常状態であるかどうかの判定のために，数個の試料を必要とする．以下のような手順で，同一の含水率条件の試料を数個作成する必要がある．

a）原材料の端の部分は密度が異なるので，ノコギリ等で10～20mm 切り取る．

b）原材料を水分拡散係数測定に用いる試料の大きさに合わせてノコギリで切り取る．その際，厚さが均一になるようにする．

c）試料の形をノギスで直径，厚さを測る．これらは3か所以上を測り，その平均値を

　　　それぞれ直径，厚さとする．

　d）試料の乾燥質量を測る．

　e）1面を残してエポキシ樹脂接着剤を塗り，その上にアルミホイルを隙間がないよう
　　　にして貼り，1日放置する．

　f）アルミホイルを貼った試料の質量を測定する．

　g）測定したい含水率程度まで蒸留水を自然吸水させる．吸水させすぎた場合は乾燥器
　　　を使用し，少ない場合には，質量測定器上に試料を置き，スポイトで吸水面に蒸留水
　　　を滴下し測定したい含水量まで吸水させる．

　h）試料をアルミホイルで包み，ビニルテープ等で十分断湿してビニール袋に入れ，試
　　　料内の含水率を一様にするためにデシケータの中で長時間放置する．このアルミホイ
　　　ルは，試料に接着剤で接着させないこと．

　i）デシケータから試料を取り出し，包んでいたビニール袋とアルミホイルを取り除き，
　　　試料の残り1面にエポキシ樹脂接着剤を塗り，その上にアルミホイルを隙間がないよ
　　　うにして貼り，一日放置する．

　j）温度測定のため，試料側面より数か所に注射針を取り付けたドリルで穴を開け，熱
　　　電対を埋め込んでエポキシ樹脂接着剤で穴を塞ぎ，一日放置する．

（2）測定手順

　a）断湿された試料を熱電対を含めて質量測定する．これは，実験終了時にも同様の測
　　　定を行い，実験中に蒸発した量を測るためである．

　b）断湿された試料を両端を除いて断熱し，装置内に装着する．

　c）試料に温度差をつける．

　d）内部の温度測定を行い，数日間ごとに試料を取り出し，試料各部の含水率の測定を
　　　行う．試料含水率の測定は(3)を参照のこと．

　e）試料各部の温度，含水率の測定結果から定常状態に達したことを判断し，測定を終
　　　了する．

（3）含水率の測定

　a）取り外した試料を熱電対を含めて質量測定する．

　b）試料を6〜10mmぐらいを目途にして切断し，熱電対，アルミホイルを取り除く．

　c）切片をアルミホイルにすばやく包み，質量を測定する．

　d）アルミホイルの口を開け，乾燥用オーブンに入れ，一日以上放置する．

　e）アルミホイルの口を閉じて包み直した切片の質量の測定を行う．

　f）d），e）の操作を3回以上行い，試料の質量変化が試料質量の0.1%未満になるこ
　　　とを目安として乾燥させた後，切片を包んでいたアルミホイルの質量を測定する．

　g）含水率試料切片，乾燥試料切片の質量の測定値からそれぞれの含水率を求める．

（4）温度勾配水分拡散係数の測定例

　　温度勾配水分拡散係数の測定例については，本文5.2.2.2の文献を参照のこと．

3.3　吸水過程の実験に基づく水分拡散係数の決定方法

　本文5.2.2で解説した水分拡散係数の測定方法は，定常法であるため試料によっては水分流が一定になるまで数週間から数か月の時間を要する上，試料内部の含水率分布，水分流の測定精度の確保（装置接続部からの水分漏洩防止）にノウハウが必要とされる．しかし，近年はガンマ線や核磁気共鳴画像（MRI）等による含水率の非破壊測定法（補遺5を参照）を応用し，非定常的な含水率分布の推移から水分拡散係数を決定する方法が検討されている．ここでは，Carmeliet[1]らが行った片面吸水による試験結果から，液移動に対する水分拡散係数の決定方法を紹介する．

(1)　実験概要

　実験は，ISO 15148[2]等の吸水係数の測定方法と同様の鉛直上向きの吸水試験である．試料は一次元の水分流を再現するため，上下面を開放，側面をエポキシなどで断湿する．試料寸法は，試験中に吸水面と反対側の面（上面）の含水率がほぼ変化しない高さとし，吸水面の面積は50cm^{2}以上とする．試料を乾燥させた後，試料下面を水面に浸漬させ，内部の含水率分布の変化を一定時間ごとに測定する．

(2)　水分拡散係数の決定方法

　材料内の含水率の支配方程式は，一次元等温系に対して，次の偏微分方程式で表される．

$$\frac{\partial w}{\partial t} = \frac{\partial}{\partial x}\left(D_l(w)\frac{\partial w}{\partial x}\right) \tag{A3.1}$$

$D_{l(w)}$：液移動に対する水分拡散係数 $[m^2/s]$，w：容積基準質量含水率 $[kg/m^3]$
t：時間 $[s]$，x：座標 $[m]$

　本文5.2.2.1で用いられている水分拡散係数 D_ψ $[kg/(m^2 \cdot s)]$ と $D_{l(w)}$ $[m^2/s]$ は，以下の式を用いて換算する．

$$D_l(w) = \frac{D_\psi}{\rho_w} \tag{A3.2}$$

ρ_w：液水の密度 $[kg/m^3]$
　初期条件と境界条件は，

$$w = w_0 \quad \text{at} \quad x>0, t=0 \tag{A3.3}$$

$$w = w_B \quad \text{at} \quad x=0, t>0 \tag{A3.4}$$

$$w = w_0 \quad \text{for} \quad x \to \infty, t>0 \tag{A3.5}$$

この支配方程式に対して，ボルツマン変換を施す．以下のようにλを定義し，

$$\lambda = \frac{x}{\sqrt{t}} \tag{A3.6}$$

xとtを消去すると，次の常微分方程式が得られる．

$$-\frac{\lambda}{2}\frac{dw}{d\lambda} = \frac{d}{d\lambda}\left(D_l(w)\frac{dw}{d\lambda}\right) \tag{A3.7}$$

$$w = w_B \quad \text{at} \quad \lambda=0 \tag{A3.8}$$

$$w = w_0 \quad \text{for} \quad \lambda \to \infty \tag{A3.9}$$

これを解くと，$D_{l\,(w)}$ が陽な形で得られる．

$$D_l(w) = -\frac{1}{2}\frac{\displaystyle\int_{w_0}^{w}\lambda dw}{\dfrac{dw}{d\lambda}} \tag{A3.10}$$

　液移動に対する水分拡散係数は，任意の時刻において得られた含水率分布を $w-\lambda$ 図上にプロットし，この点列にフィットする関数を定めて決定する．本手法は，実験方法によって得られる時間間隔が異なっても対応可能である．なお，文献[1]では異なる研究機関で求めた水分拡散係数（同一の測定データを使用）を比較し，以下の注意点を示唆している．

・高含水率側の（λ が 0 に近い側の）関数の決め方に任意性があるため，飽和含水率近傍の精度は低い
・吸水実験の wetting front の先（低含水率側）の処理の仕方に応じた結果のばらつきが大きくなる
・材料によっては $w-\lambda$ 上のプロットがばらつく
・重力の影響を無視できる材料に適用が限られる
・低含水領域への適用では蒸気拡散領域の追加データが必要となる

引用・参考文献

1 ）J. Carmeliet, H. Hens, S. Roels, O. Adan, H. Brocken, R. Cerny, Z. Pavlik, C. Hall, K. Kumaran, L. Pel, Determination of the liquid water diffusivity from transient moisture transfer experiments, Journal of Thermal Envelope and Building Science 27 (4), pp.277-305, 2004

2 ）ISO 15148 Hygrothermal performance of building materials and products - Determination of water absorption coefficient by partial immersion, 2002

補遺4　周期法による熱伝導率の測定

(1)　概　　要

　保護熱板法（GHP法）および熱流計法（HFM法）が定常法による熱伝導率の測定法であるのに対し，周期法は非定常法による見かけの熱伝導率の測定法である．周期法は，ISO 16957[1]に規定される測定法であり，入力として与えられる短周期の温度変化に対する応答温度より熱伝導率を算出する方法である．測定法の詳細および式の導出等については，文献1）を参照されたい．

　測定中の温度勾配に伴い水分移動が発生するため，材料中の水分移動の影響を含む．重力による水分移動が無視できないような含水率の高い材料には適用できず，材料中の放射による熱移動が無視できる100kg/m³以上の密度の材料に適用できる．試料寸法は150mm×150mmで，十分な厚さを持つ必要がある．

(2)　原　　理

　水分移動が無視できる試料の場合，表面（$x=0$）に正弦波の温度が入力されたときの試料の温度 $T(t,x)$ は，（A4.1）式で表される．

$$T(t,x) = I_0 \exp\left(-\sqrt{\frac{\omega}{2a}}x\right) \times \sin\left(\omega t - \sqrt{\frac{\omega}{2a}}x\right) + T_m \qquad (A4.1)$$

　　a：試料の熱拡散係数 [m²/s]，I_0：入力表面温度の振幅 [K]，t：時刻 [s]
　　T：試料の温度 [K]，T_m：試料の（定常）平均温度 [K]，x：座標 [m]
　　ω：入力表面温度の角速度 [m²/s]

（A4.1）式を解くことで，熱拡散係数 a が求められる．

$$a = \frac{1}{\varphi_0^2}\left(\frac{\omega}{2}\right)(x_1 - x_2) \qquad (A4.2)$$

　　x_1, x_2：試料中の任意の2点（通常，一方は表面）[m]
　　φ_0：x_1と x_2における温度の位相差 [s]

試料中の任意の2点の温度測定結果と位相差のイメージを図A.16に示す．

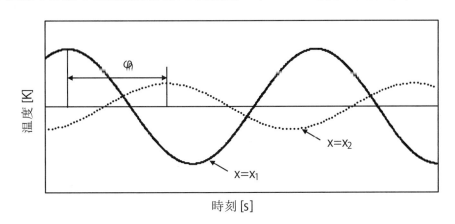

図 A.16　温度測定結果と位相差のイメージ

　一方，水分移動が発生する試料の場合，表面（$x=0$）に正弦波の温度が与えられたときの試料の温度の摂動解第一項 $T_1(t,x)$ は，（A4.3）式で近似できる．

$$T_1(t,x)=\alpha_1\frac{EE_1}{B}\exp\left(-\alpha_1\sqrt{\frac{\omega}{2}}x\right)\times\sin\left(\omega t-\alpha\sqrt{\frac{\omega}{2}}x\right) \qquad\text{(A4.3)}$$

ここで，

$$E=\frac{B}{(\alpha_1-\alpha_2)\left\{C-(CA-BD)(\alpha_1^2+\alpha_1\alpha_2+\alpha_2^2)\right\}} \qquad\text{(A4.4)}$$

$$E_1=C-(CA-BD)\alpha_1^2 \qquad\text{(A4.5)}$$

$$C=\frac{\lambda^0+RD_{Tv}^0}{(C'\gamma')^0} \qquad\text{(A4.6)}$$

$$D=\frac{RD_{\theta v}^0}{(C'\gamma')^0} \qquad\text{(A4.7)}$$

a_1 および α_2 は次の解による．（$\alpha_1<\alpha_2$）　$(CA-BD)\alpha^4-(A+C)\alpha^2+1=0$
A：試料表面における含水率勾配による水分拡散係数 $[\text{m}^2/\text{s}]$
B：試料表面における温度勾配による水分拡散係数 $[\text{kg}/(\text{m}\cdot\text{s}\cdot\text{K})]$
λ：水分移動がない場合の熱伝導率 $[\text{W}/(\text{m}\cdot\text{K})]$，　R：気化熱 $[\text{J}/\text{kg}]$
D_{Tv}：温度勾配による気相の水分拡散係数 $[\text{kg}/(\text{m}\cdot\text{s}\cdot\text{K})]$
$D_{\theta v}$：含水率勾配による気相の水分拡散係数 $[\text{m}^2/\text{s}]$
C'：試料材料の比熱 $[\text{J}/(\text{kg}\cdot\text{K})]$，　γ'：試料材料の密度 $[\text{kg}/\text{m}^3]$

（A4.3）式を解くことで，見かけの熱拡散係数 $\dfrac{1}{\alpha_1^2}$ が求められる．

$$\frac{1}{\alpha_1^2}\cong C\left(1+\frac{BD}{C^2}\right)=\frac{1}{\varphi^2}\left(\frac{\omega}{2}\right)(x_1-x_2)^2 \qquad\text{(A4.8)}$$

　（A4.2）式または（A4.8）式で得られた熱拡散係数に，比熱および密度を乗じることで，水分移動の影響を含む熱伝導率 $\lambda^*(=\lambda+RD_{Tv})$ を得ることができる．

　なお，$\dfrac{BD}{C^2}$ は測定の不確かさを表す．

（3）試 験 方 法

　試験装置の構成を図 A.17に示す．

　試料は所定の含水率に調整した上で，試験前に恒温室で十分に養生する．熱電対の設置は，最低でも上面と下面に2点ずつ，深さ方向に1点必要である．

　試験時は，試料上面および下面に温度分布が発生しないかを確認する．熱電対の正確な設置位置は，定常状態の線形温度分布から把握する．

　試料の下側は周期的に加熱する．冷却槽は加熱に伴う試料温度上昇を抑制する．

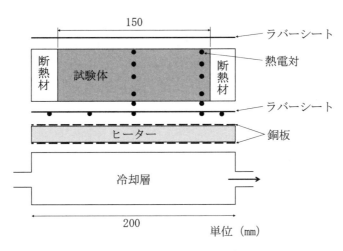

図 A.17　試験装置の構成

引用・参考文献

1) ISO 16957 Measurement of apparent thermal conductivity of wet porous building materials by a periodic method, 2016

補遺5 放射線を利用し含水率を測定する方法（ガンマ線減衰法）

試料に放射線（ガンマ線）を照射し，試料内を通過後の放射線の減衰量を測定することにより，試料内の通過部位の含水率を得る方法について述べる．試料が乾燥している場合の測定値を基準として，測定したい状況における含水率が以下の式により得られる．

$$\ln\left(\frac{I}{I_0}\right) = -\mu\rho d = -\left(\mu_s\rho_s + \mu_w\rho_w\psi\right)d \tag{A5.1}$$

$$\psi = \frac{1}{\mu_w\rho_w d} \cdot \ln\left(\frac{I_{dry}}{I_{wet}}\right) \tag{A5.2}$$

I：検出された放射線の1秒あたりの計数率 [count/s]，

μ：質量減弱係数 [m^2/kg]，ρ：密度 [kg/m^3]，

d：ガンマ線が透過する方向の材料厚さ [m]，ψ：容積基準容積含水率 [m^3/m^3]

添え字0：試料がない場合，dry：試料が乾燥している場合，

wet：試料が湿っている場合，s：乾燥材料実質部，w：水

注）水の質量減弱係数μ_wには線源に応じた理論値（定数）が用いられる．

十分なSN比が得られるだけのガンマ線照射時間は，試料やガンマ線源の強度により異なるが，数十秒程度の照射で所要のデータが得られるようなシステムが構築できれば，トラバース装置を併用することにより，材料内複数点の含水率分布が得られる．位置により測定時刻の異なる測定値が得られることになる．測定時刻を測定値とともに記録することで，非定常状態の実験に基づく物性値推定法も提案されている．

質量測定による含水率測定法を用いて含水率分布を知りたい場合，材料を切断し，各試料片の含水率を求めることになるが，切断に伴い差が発生すること，非定常過程における複数の局面を同一試料に対して測定できないことが欠点であった．放射線を利用した方法ではこれらの欠点がなく，有用である．ただし，放射線を用いるため，通常の測定器とは異なり，その導入や管理に「放射性同位元素等による放射線障害の防止に関する法律」および「電離放射線障害防止規則」など法律や規則に則った手続きが必要となる．

放射線を利用した同様の測定法には，核磁気共鳴（NMR）法，中性子線減衰法も存在する．国内での導入事例は非常に少ないが，マイクロフォーカスX線CT装置を用いてX線減衰法により含水率測定を行った事例は増えつつある．市販のX線CT装置により含水率測定は可能であり，含水率測定専用の新たな装置を作る必要がないため，今後は活用が大いに見込まれる．

引用・参考文献

1）M.K. Kumaran, and M. Bomberg, A Gamma-spectrometer for Determination of Density Distribution and Moisture Distribution in Building Materials, Proceedings of the International Symposium on Moisture and Humidity, Washington, D.C., pp. 485-489, 1985

2）S. Roels, J. Carmeliet, Analysis of moisture flow in porous materials using microfocus X-ray radiography, International Journal of Heat and Mass Transfer 49, pp.4762-4772, 2006

3）S. Takada, S. Hokoi, and M.K. Kumaran, Experimental and Analytical Investigation of Moisture Movement in Clothing, Journal of Building Physics 31, pp.125-142, 2007

4 ）小椋大輔，鉾井修一，清水孝範，野口浩：結露・蒸発過程における平衡含水率および水分伝導率の履歴の影響，日本建築学会環境系論文集，第74巻，第643号，pp.1065-1074, 2009.9

日本建築学会環境基準
AIJES-H0001-2020
湿気物性に関する測定規準・同解説

2006年1月30日　第1版第1刷
2020年3月5日　第2版第1刷

編　集
著作人　一般社団法人　日本建築学会

印刷所　昭和情報プロセス株式会社

発行所　一般社団法人　日本建築学会
108-8414　東京都港区芝 5−26−20
電　話・（03）3456−2051
ＦＡＸ・（03）3456−2058
https://www.aij.or.jp/

発売所　丸善出版株式会社
101-0051　東京都千代田区神田神保町 2-17
神田神保町ビル
電　話・（03）3512−3256

ISBN978-4-8189-3635-5　C3352